Direitos Autorais

© 2024 por Elinei S. Morais

Todos os direitos reservados. Nenhuma parte deste livro pode ser reproduzida ou transmitida de qualquer forma ou por qualquer meio, eletrônico ou mecânico, incluindo fotocópia, gravação ou qualquer sistema de armazenamento e recuperação de informações, sem permissão por escrito do autor, exceto para uso breve em resenhas críticas ou outros usos não comerciais permitidos pela lei de direitos autorais.

Publicado por Elinei S. Morais

Av. Joana Darc, 2870 – Pioneiro – CEP: 79.070-170 - Campo Grande/MS

Campo Grande, MS – Março de 2024 - BRASIL

LIBERDADE FINANCEIRA

O MUNDO DO DINHEIRO PARA JOVENS
A Importância da Educação Financeira para Jovens
Conceito de investimento

CONSTRUINDO BASES
Criando um orçamento pessoal
Economizando de forma consistente

ENTENDENDO INVESTIMENTOS
Explorando os diferentes tipos de investimentos
Navegando pelos riscos e recompensas financeiras
Iniciando a jornada de investir com pouco dinheiro

CULTIVANDO HÁBITOS FINANCEIROS SAUDÁVEIS
Navegando nas águas sem dívidas desnecessárias
Forjando o caminho da disciplina financeira
Pagando-se Primeiro - O Fundamento da Prosperidade

INVESTINDO NO FUTURO - SEMEANDO PROSPERIDADE
Entendendo o Poder dos Investimentos
Investindo no Futuro: Planejamento para Grandes Metas
Explorando Opções de Aposentadoria para Jovens Visionários

SUPERANDO OBSTÁCULOS FINANCEIROS: m guia para o futuro
Contornando Desafios Financeiros: Estratégias Práticas
Aprendendo com os Erros Financeiros: Sabedoria Financeira

CONEXÃO ENTRE TECNOLOGIA E FINANÇAS
GUIANDO JOVENS RUMO À MODERNIDADE FINANCEIRA
Navegando nas Finanças com Aplicativos: Um Guia Prático para Jovens Visionários
Explorando Plataformas de Investimento Online: Navegando no Mundo dos Investimentos Digitais

HISTÓRIAS DE SUCESSO

O FUTURO FINANCEIRO COMEÇA AGORA
Plano de Ação básico para o Futuro
Próximos Passos e Recursos Adicionais

DESAFIO 100 DIAS

TÉCNICA 10/90

Boas vindas!

Bem-vindo (a) ao seu guia prático para o universo financeiro, projetado especialmente para jovens visionários que estão prestes a dar os primeiros passos em sua jornada de independência financeira. Se você está começando a perceber a importância do dinheiro e deseja construir um futuro financeiramente sólido, este livro foi feito sob medida para você.

Este livro é direcionado a adolescentes, jovens e adultos que estão dando os primeiros passos no mundo financeiro, aprendendo a lidar com o dinheiro que estão começando a ganhar. Se você se encontra no início dessa emocionante jornada, ansioso para entender como fazer seu dinheiro trabalhar a seu favor, este livro é feito sob medida para suas necessidades.

Ao longo das próximas páginas, exploraremos conceitos de investimento e educação financeira de uma maneira acessível e envolvente. Nosso objetivo é capacitá-lo a tomar decisões informadas sobre suas finanças, ajudando-o a acumular riqueza através de ações concretas e estratégias inteligentes.

Utilizamos uma linguagem simples e descomplicada com a ajuda da IA procurando tornar os conceitos financeiros acessíveis, evitando jargões complicados. Apresentamos exemplos práticos e histórias reais que você pode se relacionar, para tornar o aprendizado mais tangível.

Não se trata apenas de investir, mas também de desenvolver hábitos financeiros saudáveis que o acompanharão ao longo da vida. Encorajamos você a aplicar imediatamente o que aprende, transformando conhecimento em ação e resultados tangíveis.

Compartilhamos histórias inspiradoras de jovens que transformaram seus sonhos financeiros em realidade, mostrando que você também pode alcançar o sucesso desde cedo.

Ao seguir estas páginas, você será capacitado a tomar as rédeas de suas finanças, construir uma base sólida para seu futuro e criar a vida financeira que deseja. Estamos animados para embarcar nessa jornada de crescimento financeiro com você. Vamos começar!

DESPERTANDO O POTENCIAL PARA A CONSTRUÇÃO DA RIQUEZA

Neste livro, buscamos transcender a mera educação financeira. Nosso objetivo é empoderar os jovens e adultos, a compreenderem, planejarem e edificarem um futuro financeiro sólido desde os primeiros passos na vida adulta. Ao longo dessas páginas, aspiramos a:

Abraçamos a missão de tornar a educação financeira acessível a todos, rompendo as barreiras do desconhecido e revelando a simplicidade por trás dos conceitos complexos. Cada página é um convite para a descoberta, uma jornada de autoconhecimento financeiro.

Nossa intenção é inspirar uma geração de jovens e adultos a agir de forma proativa em relação às suas finanças, plantando as sementes da autodeterminação e cultivando hábitos que florescerão ao longo do tempo. É o despertar para a urgência do presente e o potencial do amanhã.

Utilizamos histórias de jovens e adultos visionários não apenas para ilustrar possibilidades, mas para demonstrar que o sucesso financeiro é uma jornada pessoal, moldada pela paixão, resiliência e determinação. Cada história é um convite para a transformação, um lembrete de que o potencial está dentro de cada um de nós.

Este livro não é apenas um guia, mas um mapa detalhado para a jornada financeira. Desde os primeiros passos na criação de um orçamento pessoal até a exploração do vasto universo dos investimentos, fornecemos as ferramentas necessárias para uma navegação segura e assertiva.

Nosso compromisso é inspirar uma mentalidade de aprendizado contínuo, estimulando a busca por conhecimento além das páginas deste livro. Cada capítulo é uma porta para novas descobertas, uma chamada para uma vida de crescimento e desenvolvimento constante.

Ao recapitular nosso propósito mais profundo, reafirmamos o compromisso de sermos mais do que meros guias financeiros. Somos facilitadores de sonhos, arquitetos de futuros promissores. O sucesso financeiro não é apenas um destino distante, mas uma jornada transformadora que começa aqui e agora. Que este livro seja a centelha que acende o fogo da realização e da prosperidade em cada coração jovem. Que a jornada comece!

CAPÍTULO 1: O MUNDO DO DINHEIRO PARA JOVENS

Bem-vindos, jovens exploradores do mundo financeiro! Imaginem-se agora em um emocionante cenário onde o futuro é uma tela em branco e as possibilidades são tão vastas quanto o próprio horizonte. Vocês estão no início de uma jornada incrível, prontos para desbravar o fascinante universo do dinheiro e das finanças pessoais.

Vamos nos transportar por um momento para uma cena cotidiana: vocês, jovens adultos, estão recebendo os primeiros salários de seus primeiros empregos. Os números na conta bancária começam a aumentar, e com isso, surgem perguntas e pensamentos sobre como lidar com esse novo capítulo financeiro.

O que fazer com esse dinheiro recém-ganho? Como evitar cair nas armadilhas do consumo desenfreado? E, mais importante, como fazer esse dinheiro começar a trabalhar para vocês?

É aqui que entramos no capítulo inicial deste guia, "O Mundo do Dinheiro para Jovens". Neste capítulo, vamos explorar juntos os fundamentos que irão ajudá-los a desvendar os mistérios das finanças pessoais e a dar os primeiros passos no mundo do investimento.

Imagine que este capítulo é como um mapa que orientará cada passo nesse novo território. Vocês estão prestes a descobrir como a educação financeira pode ser uma chave para desbloquear oportunidades, construir bases sólidas e pavimentar o caminho para um futuro financeiro próspero.

Ao longo deste capítulo, vamos discutir a importância de entender as diferenças entre poupar e gastar, explorar o conceito de investimento de forma amigável e desmistificar as complexidades que muitas vezes cercam o mundo do dinheiro.

Prontos para iniciar esta emocionante jornada? Vamos mergulhar no capítulo 1 e começar a decifrar juntos o "Mundo do Dinheiro para Jovens". Estamos aqui para guiá-los e inspirá-los enquanto embarcam nessa empolgante aventura rumo ao sucesso financeiro!

A Importância da Educação Financeira para Jovens

Caros exploradores do mundo financeiro, ao ingressarmos nesta jornada emocionante, é crucial compreender desde o princípio a importância vital da educação financeira. Imaginem a educação financeira como uma bússola confiável que os guiará através dos desafios e das oportunidades que o mundo financeiro tem a oferecer.

Vocês, jovens visionários, estão no momento inicial de vossas carreiras financeiras, segurando as rédeas do próprio destino. A educação financeira é a chave que abrirá as portas para um entendimento claro e informado sobre como administrar, multiplicar e preservar o dinheiro que estão começando a conquistar.

A educação financeira remove o véu de mistério que muitas vezes envolve o dinheiro. Ela oferece uma compreensão clara de como funciona o sistema financeiro, desmistificando conceitos que podem parecer complexos à primeira vista.

Ao adquirir conhecimentos financeiros, vocês serão capacitados a tomar decisões informadas e conscientes sobre como utilizar seu dinheiro. Isso vai além de simplesmente gastar ou poupar; é sobre investir sabiamente para criar um futuro financeiro sólido.

A educação financeira é o alicerce sobre o qual vocês podem construir suas vidas financeiras. Ela ensina a importância de estabelecer metas, criar orçamentos realistas e desenvolver hábitos saudáveis de economia e investimento desde o início.

Quando vocês compreendem os princípios da educação financeira, tornam-se mais resilientes diante dos desafios financeiros que, eventualmente, podem surgir. Seja uma emergência inesperada ou uma mudança nas circunstâncias, a educação financeira proporciona as ferramentas necessárias para enfrentar tais desafios com confiança.

O conhecimento é poder, e a educação financeira confere a vocês o poder de controlar o próprio destino financeiro. Ao entenderem os meandros do dinheiro, vocês se tornam protagonistas ativos de suas vidas financeiras, tomando decisões que refletem seus objetivos e valores.

Portanto, jovens exploradores, abram suas mentes para a importância transformadora da educação financeira. Este é o primeiro passo para desvendar os segredos do mundo financeiro e criar um futuro de prosperidade e realização.

Agora, continuemos a nossa jornada, pois há muito mais a explorar neste universo fascinante da educação financeira!

Caros navegadores deste oceano financeiro.

Ao abordarmos o capítulo fundamental da diferença entre poupar e gastar, convidamos vocês a explorarem as águas claras e muitas vezes turbulentas das escolhas financeiras. É crucial entender que cada decisão tem o potencial de moldar não apenas o presente, mas também o futuro que estão construindo.

O Significado de Poupar e Gastar

Poupar não é apenas reservar dinheiro; é uma estratégia inteligente para criar uma reserva financeira. Poupar significa separar uma parte dos ganhos com o objetivo de acumular recursos para emergências, metas de longo prazo ou oportunidades futuras.

Gastar, por outro lado, muitas vezes está associado ao consumo imediato. Entender a diferença entre necessidade e desejo é crucial. Gastos impulsivos podem trazer satisfação momentânea, mas muitas vezes vêm acompanhados de custos financeiros ocultos.

Poupar é como construir um alicerce sólido para o futuro. Essa prática permite que vocês tenham flexibilidade financeira, estejam preparados para desafios inesperados e tenham a capacidade de aproveitar oportunidades quando surgirem.

Encontrar um equilíbrio entre poupar e gastar é essencial. Embora o consumo seja parte integrante da vida, compreender que cada gasto tem implicações a longo prazo é a chave para tomar decisões financeiras informadas.

Poupar e gastar envolvem prioridades. É sobre determinar o que é mais importante para vocês a curto e longo prazo. Isso pode envolver sacrifícios temporários em prol de objetivos duradouros.

A prática consistente de poupar desenvolve disciplina financeira. É uma jornada que envolve tomar decisões conscientes, questionar impulsos de gastos e, em última análise, construir um relacionamento saudável com o dinheiro.

Poupar reconhece o valor do tempo como aliado. Quanto mais cedo começarem, mais tempo o dinheiro terá para crescer e se multiplicar, aproveitando os benefícios dos juros compostos.

Vamos criar um exemplo prático e claro para ilustrar a diferença entre poupar e gastar.

Cenário:

Imagine que João, um jovem que acaba de começar a trabalhar, recebe seu primeiro salário no valor de R$ 1.000.

Gastar:

João decide gastar seu salário comprando um novo smartphone de última geração que custa R$ 800, sair para jantar algumas vezes com amigos, gastando R$ 150, e comprar roupas novas, totalizando R$ 100.

Gastos Totais: R$ 800 (smartphone) + R$ 150 (jantar) + R$ 100 (roupas) = **R$ 1.050**

Dinheiro Restante: R$ 1.000 (salário) - R$ 1.050 (gastos) = **-R$ 50**

Neste cenário, João gastou mais do que ganhou, resultando em um saldo negativo. Isso pode levar a problemas financeiros no futuro, especialmente se esse padrão persistir.

Poupar:

Agora, considere que João decide adotar uma abordagem de poupança mais prudente. Ele decide reservar 10% do seu salário para economizar.

Valor Reservado para Poupança: 10% de R$ 1.000 = **R$ 100**

João agora tem R$ 900 disponíveis para gastar. Ele ainda pode comprar um smartphone mais acessível, jantar ocasionalmente com amigos e adquirir roupas novas, mas ele prioriza suas escolhas para não ultrapassar esse valor.

Gastos Totais: R$ 800 (smartphone acessível) + R$ 100 (jantar e roupas) = **R$ 900**
Dinheiro Restante: R$ 1.000 (salário) - R$ 100 (poupança) - R$ 900 (gastos) = **R$ 0**

Neste cenário, João equilibrou suas despesas, economizando uma porção de seu salário e evitando gastar mais do que ganhou. Isso estabelece uma base mais sólida para sua segurança financeira futura.

Esse exemplo ilustra como escolher entre gastar e poupar pode impactar as finanças pessoais a curto e longo prazo. Poupar permite criar uma reserva financeira para emergências e objetivos futuros, enquanto gastar indiscriminadamente pode levar a dificuldades financeiras.

Ao explorarem as nuances entre poupar e gastar, vocês estarão mais bem equipados para trilhar o caminho da responsabilidade financeira. Este é um convite para avaliarem suas escolhas diárias, entendendo que cada decisão é uma peça fundamental na construção do que está por vir. Que esta compreensão ilumine o caminho à frente, preparando-os para um futuro financeiro sólido e próspero.

Conceito de investimento

Prezados aventureiros financeiros, à medida que embarcamos em nossa exploração do mundo financeiro, chegamos a uma encruzilhada crucial: o fascinante mundo dos investimentos. Aqui, nos deparamos com a oportunidade de transformar nossos ganhos em algo maior, de cultivar sementes financeiras que podem florescer ao longo do tempo.

Investir é mais do que uma transação financeira; é uma mentalidade que molda o futuro. Ao investir, vocês colocam seu dinheiro para trabalhar a seu favor, buscando não apenas preservar, mas também multiplicar seus recursos ao longo do tempo.

Enquanto poupar é como estocar provisões para tempos difíceis, investir é plantar as sementes de um jardim financeiro. É uma abordagem proativa que visa aproveitar oportunidades de crescimento e criar um caminho sustentável para a prosperidade.

No mundo dos investimentos, aprendemos sobre a importância da diversificação. Espalhar os recursos por diferentes ativos reduz os riscos e proporciona uma base mais estável para enfrentar as flutuações do mercado.

Investir não é um jogo de adivinhação, mas sim um processo baseado em escolhas informadas. Ao compreender os diferentes tipos de investimentos, vocês podem tomar decisões conscientes alinhadas com seus objetivos financeiros.

Uma das maravilhas do investimento é o papel crucial que o tempo desempenha. Começar cedo proporciona a vocês a vantagem dos juros compostos, permitindo que seus investimentos cresçam de maneira exponencial ao longo dos anos.

Cada investidor tem metas únicas. Seja para a aposentadoria, a compra de uma casa ou a realização de um sonho, definir objetivos claros é o primeiro passo para criar uma estratégia de investimento personalizada.

O investimento é uma jornada de aprendizado contínuo. Assim como qualquer aventura, haverá desafios e sucessos. Cada experiência contribui para o desenvolvimento de habilidades e conhecimentos valiosos.

Vamos exemplificar:

João, um jovem de 20 anos, decide investir uma parte de seu salário para construir uma reserva ao longo do tempo.

Investir:

Reserva para investir: João reserva 10% de seu salário de R$ 1.000 por mês para investir, o que totaliza R$ 100.

Escolha do investimento: Ele decide investir em um fundo de investimento de baixo custo que acompanha o desempenho do mercado de ações.

Investimento mensal: João investe R$ 100 todos os meses no fundo escolhido.

Acompanhamento simples: A cada ano, João verifica o saldo de seu investimento. Mesmo que seja uma verificação anual básica, isso o mantém ciente do crescimento.

Resultado ao longo do tempo: Após cinco anos, João investiu um total de R$ 6.000 (R$ 100 x 12 meses x 5 anos). Supondo um retorno modesto de 5% ao ano, seu investimento poderia valer cerca de R$ 7.415.

Este exemplo mostra como João, com um investimento regular e uma escolha de investimento de baixo custo, pode começar a construir sua reserva ao longo do tempo. **A consistência é chave, mesmo com quantias menores**, e isso demonstra como pequenos investimentos regulares podem crescer ao longo do tempo.

Ao adentrarmos o conceito de investimento, lembrem-se de que este é um capítulo emocionante e dinâmico em nossa jornada financeira. Estamos prestes a explorar diferentes veículos de investimento, estratégias e, o mais importante, a descobrir como fazer com que o dinheiro trabalhe para vocês. Preparem-se para abraçar as oportunidades que o mundo dos investimentos oferece. Sigam conosco nesta emocionante viagem, onde cada decisão de investimento molda o futuro que vocês estão construindo. Que a sabedoria financeira os guie enquanto nos aprofundamos no fascinante universo do investimento!

CAPÍTULO 2: CONSTRUINDO BASES SÓLIDAS

Caros arquitetos do próprio destino financeiro, convidamos todos vocês a um momento de reflexão sobre a construção de bases sólidas em nossas vidas financeiras. Imaginem-se, por um instante, como construtores habilidosos, encarregados de erguer os alicerces de um futuro robusto e próspero.

Neste capítulo, estamos prestes a entrar em um canteiro de obras onde as metas financeiras são os pilares mestres. Visualizem suas metas como esboços arquitetônicos, e cada decisão financeira como uma peça fundamental na construção da vida que desejam.

Assim como um construtor habilidoso mistura o cimento para fortalecer as estruturas, vocês serão desafiados a misturar a disciplina financeira em cada decisão. Esta é a argamassa que une o presente ao futuro, transformando sonhos em realidade.

Imaginem seus planos financeiros como plantas baixas meticulosamente desenhadas. Cada detalhe importa. Estamos prestes a desdobrar esses planos, dando vida a cada linha traçada na busca pela estabilidade e crescimento financeiro.

Ao construir bases sólidas, vocês estarão abrindo janelas para oportunidades. Cada escolha financeira bem fundamentada é uma abertura para um futuro mais luminoso, onde os raios de sucesso iluminam o caminho adiante.

Construir bases sólidas também é preparar-se contra tempestades. Vocês serão apresentados a estratégias que fortalecem suas fundações financeiras, oferecendo resistência nos momentos desafiadores e permitindo que permaneçam firmes em meio às adversidades.

Como construtores visionários, estaremos explorando estratégias de construção a longo prazo. Entenderão como escolher materiais duradouros, alinhados com os objetivos financeiros, para edificar uma estrutura sólida que perdurará ao longo dos anos.

Assim como a construção de uma obra-prima leva tempo, a construção de bases sólidas exige paciência e persistência. Descubram como a paciência pode ser a maior aliada, permitindo que cada tijolo colocado contribua para a grandiosidade da obra final. Ao explorarmos esse capítulo, preparem-se para uma jornada onde vocês, como mestres de obra, moldarão o terreno financeiro em que habitam. Cada decisão é um martelar construtivo, cada escolha é um alicerce sólido. Sigamos juntos nessa construção, onde o futuro é o horizonte e as bases que estão sendo lançadas agora são o fundamento de uma vida financeira vibrante e bem-sucedida! Que a construção comece!

Estabelecer Metas Financeiras

Queridos arquitetos do próprio destino financeiro, entramos agora em um capítulo fundamental da nossa jornada: o estabelecimento de metas financeiras. Visualizem esse momento como o projeto arquitetônico de suas vidas financeiras, onde cada meta é um pilar que sustentará a construção de um futuro sólido e repleto de realizações.

O Poder da Visão Financeira

No mundo das finanças, estabelecer metas é como desenhar a planta de uma casa. Imaginem-se como arquitetos visionários, delineando o que desejam construir. Ter uma visão clara do futuro é o primeiro passo para transformar sonhos em realidade.

Cada meta financeira é um farol, guiando seus esforços na direção desejada. Assim como um arquiteto projeta uma casa com propósito, suas metas definem o caminho que vocês seguirão, influenciando cada decisão e escolha financeira.

Ao estabelecer metas, evitem a abstração. Transformem seus sonhos em objetivos tangíveis e mensuráveis. Pensem em metas específicas, como a compra de um carro, viagem, a quitação de dívidas ou a construção de um fundo de emergência.

Assim como na arquitetura, há uma hierarquia nas metas financeiras. **Estabeleçam prioridades**, identificando quais metas são fundamentais para o momento e quais são de longo prazo. Esta hierarquia orientará seus esforços de forma estratégica.

S.M.A.R.T.: Metas Inteligentes:

Utilizem o acrônimo S.M.A.R.T. para definir suas metas: Específicas, Mensuráveis, Atingíveis, Relevantes e Temporais. Este guia prático transforma aspirações em metas concretas, proporcionando clareza e foco.

Específico (Specific): O objetivo deve ser claro e específico, indicando exatamente o que será alcançado. Evite declarações vagas ou ambíguas.

Mensurável (Measurable): O objetivo deve ser mensurável, ou seja, é possível quantificar ou medir o progresso em direção a ele. Isso ajuda a avaliar se o objetivo foi atingido.

Alcançável (Achievable): O objetivo deve ser desafiador, mas também alcançável e realista.

Certifique-se de que está dentro das possibilidades e recursos disponíveis.

Relevante (Relevant): O objetivo deve ser relevante e alinhado com seus valores e objetivos gerais. Certifique-se de que vale a pena dedicar esforços para alcançá-lo.

Temporal (Time-bound): O objetivo deve ter um prazo ou prazo definido. Estabelecer um tempo limite cria senso de urgência e ajuda na organização do esforço para alcançá-lo.

Como arquitetos de suas vidas financeiras, desafiem-se a estabelecer metas ambiciosas. Sonhem grande, pois metas ousadas têm o poder de impulsionar conquistas extraordinárias. Lembrem-se, o céu é o limite quando se trata de alcançar objetivos financeiros.

Celebrar as pequenas vitórias é como admirar os detalhes da construção enquanto a obra avança. Apreciam-se os esforços e conquistas ao longo do caminho, lembrando-se de que cada meta alcançada é um passo em direção à visão final.

Ao mergulharmos no tema de Estabelecer Metas Financeiras, convido-os a pensarem em seus sonhos e aspirações como pedras fundamentais. Estas são as bases de uma vida financeira bem planejada. Que este capítulo inspire a definição de metas claras, estimulando-os a construir um caminho rumo a uma realização financeira que ultrapassa as expectativas. Sigamos adiante, construtores de sonhos, pois cada meta estabelecida é um passo significativo na direção do futuro desejado!

Criando um orçamento pessoal

Caros arquitetos do próprio destino financeiro, em nosso percurso rumo à prosperidade, damos um passo crucial ao abordar o tema de estabelecer metas financeiras. Neste capítulo, convido cada um de vocês a se tornar o arquiteto visionário de seus objetivos, desenhando planos que moldarão o futuro financeiro com precisão e propósito.

A primeira pedra a ser colocada na construção de uma vida financeira sólida é a definição de metas claras. Visualizem seus sonhos, desde a compra de uma casa até a liberdade financeira, como estruturas majestosas que estão prestes a ser erguidas. Estabeleçam metas que sejam mensuráveis e alcançáveis. Assim como um bom arquiteto precisa de medidas precisas, suas metas devem ser tangíveis e realistas, proporcionando um caminho claro para o sucesso.

Dividam suas metas em categorias de curto, médio e longo prazo. Esta é a estrutura de seu plano financeiro, permitindo que alcancem vitórias rápidas e cultivem aspirações duradouras ao mesmo tempo. Cada meta deve ser acompanhada pelo "porquê" subjacente. Entender a razão emocional por trás de suas aspirações adiciona uma fundação emocional sólida, mantendo-os motivados mesmo diante de desafios. Em um mundo repleto de escolhas, a habilidade de priorizar é fundamental. Determinem quais metas são mais cruciais para vocês e concentrem seus esforços nesses pontos de maior relevância.

Assim como uma construção em andamento, é vital revisitar e ajustar metas conforme a vida evolui. **Esteja preparado para fazer adaptações quando necessário**, mantendo seu plano flexível e alinhado com suas circunstâncias.

Dica:

Na jornada da construção financeira, criar um orçamento pessoal é a ferramenta que servirá como esquadro e nível, garantindo que cada tijolo financeiro seja colocado com precisão. Aqui estão algumas dicas para guiar vocês na criação de um orçamento sólido:

1. Registre Seus Ganhos e Gastos: comecem registrando seus ganhos mensais e detalhando todos os gastos. Essa prática proporcionará uma visão clara de sua situação financeira atual, permitindo que tomem decisões informadas.

2. Categorize Seus Gastos: dividam seus gastos em categorias como moradia, alimentação, transporte, entretenimento e economias. Isso ajudará a identificar áreas onde podem ajustar os gastos, se necessário.

3. Estabeleça Limites para Cada Categoria: definam limites de gastos para cada categoria. Isso não apenas controlará os custos, mas também garantirá que haja espaço para alocar fundos para metas e poupanças específicas.

4. Priorize o Pagamento de Dívidas: se tiverem dívidas, priorizem o pagamento delas. Estabeleçam um plano para quitar as dívidas, aliviando a pressão financeira e liberando recursos para outros objetivos.

5. Reserve para Emergências e Poupanças: incluam uma categoria para emergências e poupanças em seus orçamentos. Isso cria uma rede de segurança financeira e permite que estejam preparados para imprevistos.

6. Revise e ajuste mensalmente: revise seu orçamento mensalmente. Isso possibilita ajustes conforme necessário, garantindo que esteja alinhado com suas metas e mudanças nas circunstâncias.

7. Utilize ferramentas digitais: aproveitem as ferramentas digitais disponíveis para facilitar o acompanhamento do orçamento. Aplicativos e planilhas online podem simplificar o processo e fornecer uma visão mais detalhada de suas finanças.

Ao estabelecer metas financeiras e criar um orçamento pessoal, vocês estão dando vida a seus projetos financeiros, moldando um caminho claro para a realização de seus sonhos. Sigam adiante com confiança e determinação, pois cada decisão financeira informada é um passo na direção de uma vida financeira sólida e plena. Continuem construindo!

Economizando de forma consistente

Caros construtores do próprio tesouro, à medida que continuamos nossa jornada financeira, nos deparamos com uma prática que serve como argamassa para fortalecer os alicerces da prosperidade: economizar de forma consistente. Convido cada um de vocês a se tornar mestres na arte da economia, transformando pequenas gotas de esforço em reservas financeiras substanciais.

O Poder dos pequenos gestos

A prática de economizar de forma consistente destaca o poder dos pequenos gestos. Assim como a água desgasta a pedra com paciência, cada pequena economia contribui para a construção de sua reserva financeira. A economia consistente não é apenas uma ação, mas sim um hábito. Criem rotinas que permitam que parte de seus ganhos seja reservada regularmente, tornando esse hábito uma segunda natureza em sua jornada financeira.

Definam metas específicas de economia. Isso pode incluir a criação de um fundo de emergência, a contribuição para a aposentadoria ou a economia para um objetivo específico. Metas claras proporcionam direção e motivação.

Considere automatizar suas economias. Configure transferências automáticas para contas de poupança ou investimento, garantindo que parte de seus ganhos seja reservada antes mesmo de terem a oportunidade de gastar.

Economizar de forma consistente muitas vezes significa resistir à tentação do consumo instantâneo. Lembrem-se de que cada renúncia ao impulso de gastos contribui para a construção de uma base financeira mais sólida.

Encontrem satisfação no progresso. A cada marco atingido em direção às metas de economia, celebrem as vitórias e usem isso como motivação para manter a consistência ao longo do tempo.

Periodicamente, revisem suas práticas de economia e façam ajustes conforme necessário.

Mudanças na vida, objetivos ou situações financeiras podem exigir adaptações em seus planos de economia.

Mantenham-se educados sobre as melhores práticas de economia e investimento. A aprendizagem contínua aumenta sua capacidade de tomar decisões informadas e aprimora suas habilidades para otimizar seus recursos. Ao economizar de forma consistente, vocês estão lançando as bases de um futuro financeiro robusto e seguro. Cada contribuição para suas reservas é um investimento em sua própria segurança e liberdade financeira. Continuem a construir esses hábitos, pois cada gota economizada é uma contribuição significativa para a grandiosidade de sua obra financeira. Avancemos juntos, construtores de riqueza!

CAPÍTULO 3: ENTENDENDO INVESTIMENTOS

Caros navegadores destemidos no vasto oceano financeiro, adentrem conosco o capítulo empolgante que desvenda os segredos do mundo dos investimentos. Imaginem-se, por um momento, como intrépidos exploradores em busca de tesouros escondidos, com cada decisão de investimento sendo uma bússola para direcioná-los a um futuro financeiro próspero.

Nossa jornada no capítulo: Entendendo investimentos inicia-se como a saga de verdadeiros exploradores financeiros. Vocês estão prestes a descobrir terras inexploradas de oportunidades, onde cada escolha é um passo mais próximo da riqueza e crescimento.

Visualizem os mapas financeiros como guias para tesouros inexplorados. Cada conceito sobre investimentos é uma seta apontando para horizontes ilimitados de crescimento patrimonial, proporcionando clareza em sua jornada. Assim como a emoção de se aventurar em águas desconhecidas, a experiência do primeiro investimento é repleta de expectativas. Vocês sentirão a adrenalina ao tomar decisões conscientes que moldarão seu destino financeiro. Ao desvendarmos a magia dos juros compostos, testemunhem como o tempo se torna um aliado poderoso. Cada investimento é uma **semente plantada**, pronta para crescer e multiplicar-se ao longo dos anos.

Nossa jornada não se trata apenas de tomar decisões, mas de fazer escolhas informadas. Entenderemos como cada tipo de investimento funciona, capacitando vocês com o conhecimento necessário para trilhar o caminho financeiro com confiança.

Como bons navegadores, aprenderemos a arte da diversificação. Espalhar os investimentos é como navegar por mares desconhecidos com um navio resistente. Isso reduz os riscos e cria uma base sólida para enfrentar as mudanças de marés no mercado.

Este capítulo não é apenas uma jornada individual; somos uma comunidade de exploradores financeiros. Compartilhem experiências, aprendizados e descobertas, pois cada história enriquece nossa compreensão coletiva sobre o mundo dos investimentos. Ao se aventurarem no capítulo, estejam preparados para experiências emocionantes, desafios estimulantes e, acima de tudo, para colher os frutos de decisões financeiras sábias. Nossa jornada está apenas começando, e cada conhecimento adquirido nos aproxima de um horizonte de possibilidades financeiras. Que a viagem continue, exploradores financeiros, rumo a um futuro de prosperidade e realizações!

Explorando os diferentes tipos de investimentos

Caros desbravadores do território financeiro, neste capítulo, adentramos o fascinante mundo dos investimentos, onde cada escolha é uma jornada por diferentes paisagens financeiras. Imaginem-se como aventureiros em um mercado repleto de oportunidades, cada tipo de investimento sendo uma trilha única a ser explorada. Vamos desvendar juntos os segredos dos diferentes tipos de investimentos, expandindo nosso repertório financeiro e preparando-nos para escolhas informadas.

No mercado financeiro, cada tipo de investimento é como uma moeda única, carregando seu próprio valor e potencial. Ações, títulos, fundos mútuos e criptomoedas são algumas dessas moedas que merecem nossa atenção.

Bolsa de Valores: Uma explicação básica

A bolsa de valores é um ambiente onde ocorre a negociação de valores mobiliários, como ações de empresas, títulos públicos e privados, commodities e outros ativos financeiros. Essa negociação é realizada por meio de instituições financeiras autorizadas, chamadas de corretoras.

Principais conceitos

Ações: Representam partes do capital de uma empresa. Ao comprar ações, os investidores se tornam acionistas e, portanto, têm uma parcela da propriedade e dos lucros da empresa.

Corretoras: São intermediários entre os investidores e a bolsa de valores. Permitem que as pessoas comprem e vendam ativos financeiros.

Índices: São indicadores que representam o desempenho médio de um grupo de ações na bolsa. Exemplos incluem o Ibovespa no Brasil e o Dow Jones nos Estados Unidos.

Compra e Venda: Investidores compram ações quando acreditam que o preço vai subir e vendem quando esperam que caia. Esse movimento é fundamental para o funcionamento do mercado.

Como funciona

Oferta e Demanda: O preço das ações é determinado pela oferta e demanda no mercado. Se mais pessoas querem comprar uma ação, seu preço tende a subir, e vice-versa.

Negociação Eletrônica: Grande parte das negociações acontece de forma eletrônica, facilitando transações rápidas e eficientes.

Horário de Funcionamento: A bolsa de valores tem um horário específico de funcionamento, geralmente durante o horário comercial, e fecha nos finais de semana e feriados.

Riscos e oportunidades

Riscos: Investir na bolsa envolve riscos, pois os preços das ações podem variar. É importante compreender os riscos e tomar decisões informadas.

Oportunidades: A bolsa de valores oferece a oportunidade de crescimento do patrimônio ao longo do tempo, sendo uma opção para investidores que buscam rentabilidade.

Investir na bolsa de valores exige conhecimento, pesquisa e uma compreensão clara dos objetivos financeiros. Consultar profissionais financeiros e estar atualizado sobre o mercado são práticas recomendadas para quem deseja entrar nesse ambiente.

Agora, com as informações básicas sobre Bolsa de Valores, entenderemos a aventura das ações. Cada ação é uma pequena parcela de propriedade em uma empresa, e investir nelas é como ser sócio em uma emocionante jornada de crescimento.

Quando exploramos os títulos, entramos em terras mais estáveis. Títulos são empréstimos que vocês fazem a governos ou empresas, recebendo juros ao longo do tempo. Uma opção segura, especialmente para aqueles que buscam estabilidade em suas explorações financeiras.

Fundos mútuos são como uma expedição em grupo, onde diferentes investidores reúnem seus recursos para investir em uma carteira diversificada. Juntos, exploram um vasto universo de ativos, proporcionando diversificação e gerenciamento profissional.

Nos confins da tecnologia, encontramos as criptomoedas, uma revolução financeira. O Bitcoin e outras criptomoedas são como tesouros digitais, abrindo novas fronteiras na forma como percebemos e utilizamos o dinheiro.

Investir em criptomoedas pode ser emocionante, mas também envolve riscos significativos. Aqui estão alguns cuidados importantes a serem considerados ao lidar com criptomoedas:

➢ **Volatilidade Extrema:** Criptomoedas são conhecidas por sua volatilidade. Os preços podem variar drasticamente em curtos períodos. Esteja preparado para a possibilidade de perdas substanciais.

➢ **Pesquisa Adequada:** Antes de investir em uma criptomoeda específica, faça uma pesquisa completa. Compreenda a tecnologia subjacente, a equipe de desenvolvimento, a utilidade da moeda e seu posicionamento no mercado.

➢ **Segurança da Carteira:** Armazene suas criptomoedas com segurança. Use carteiras hardware ou carteiras de papel para reduzir o risco de roubo virtual. Mantenha suas chaves privadas em locais seguros.

➢ **Esquemas de Golpe:** Esteja atento a esquemas de golpes e fraudes. Não compartilhe suas chaves privadas ou informações pessoais com terceiros suspeitos. Fique ciente de esquemas de ICO (Oferta Inicial de Moedas) fraudulentas.

➢ **Regulação e Conformidade:** Entenda as regulamentações locais relacionadas a criptomoedas em sua jurisdição. Certifique-se de estar em conformidade com as leis fiscais e regulamentações relevantes.

➢ **Uso Responsável:** Utilize criptomoedas de maneira responsável. Evite especulação excessiva e investimentos que possam comprometer sua situação financeira.

➢ **Atualizações Tecnológicas:** Esteja ciente das atualizações tecnológicas e mudanças nas redes das criptomoedas em que você investe. Atualizações podem impactar a segurança e funcionalidade da moeda.

➢ **Longo Prazo:** Considere a visão de longo prazo ao investir em criptomoedas. Evite tomar decisões impulsivas baseadas em flutuações de curto prazo.

➢ **Avalie Seu Perfil de Risco:** Avalie seu próprio perfil de risco e tolerância a perdas antes de investir. Invista apenas o que você pode se dar ao luxo de perder.

Lembre-se de que as criptomoedas são ativos de alto risco e podem não ser adequadas para todos os investidores. Consultar um profissional financeiro e manter-se informado sobre o mercado são práticas recomendadas ao lidar com criptomoedas.

Na Terra dos Imóveis, os investimentos em propriedades revelam-se como verdadeiros tesouros. Seja através de aquisição direta ou fundos imobiliários, essa trilha oferece oportunidades de crescimento e renda ao longo do tempo.

Como exploradores astutos, entenderemos o poder da diversificação. Misturar diferentes tipos de investimentos é como explorar ecossistemas variados, garantindo que nossos recursos estejam bem distribuídos e resistentes a mudanças no clima financeiro. Não coloque todos os seus recursos em um único investimento. Diversificar seu portfólio reduz o risco de perdas significativas caso um produto investido sofra desvalorização.

Ao desbravar os diferentes tipos de investimentos, estejam preparados para uma viagem emocionante e educativa. Cada tipo de investimento é uma porta para oportunidades únicas, e compreendê-los nos capacita a tomar decisões informadas em nossa jornada financeira. Sigamos em frente, exploradores, pois as possibilidades são vastas, e cada tipo de investimento é uma chave para desbloquear novas conquistas e prosperidade! Continuemos nossa exploração pelo universo financeiro diversificado que se desenha à nossa frente.

Navegando pelos riscos e recompensas financeiras

Caros navegadores destemidos, ao explorarmos os territórios financeiros, deparamo-nos com um terreno dinâmico, onde cada escolha é permeada por riscos e recompensas. Neste capítulo, embarquem conosco em uma jornada de compreensão profunda sobre os desafios e benefícios inerentes ao mundo financeiro, onde a habilidade de navegar pelos riscos é tão crucial quanto a busca pelas recompensas desejadas.

No oceano financeiro, os ventos da incerteza sopram constantemente. Entendemos que todo investimento carrega consigo riscos inerentes, variando em intensidade e natureza. São os mares agitados da volatilidade que moldam o panorama financeiro. Antes de embarcar em qualquer expedição financeira, é imperativo compreender os riscos envolvidos. Seja o risco de mercado, risco de crédito ou outros, a familiaridade com esses elementos permite uma navegação mais informada e preparada. Assim como uma tripulação diversificada fortalece um navio contra tempestades, a diversificação de investimentos atua como aliada na mitigação de riscos. Espalhar recursos por diferentes ativos reduz a exposição a eventos adversos específicos. A busca por recompensas é a força propulsora por trás de cada exploração financeira. Seja na forma de ganhos de capital, rendimentos regulares ou valorização ao longo do tempo, as recompensas são os tesouros que esperamos encontrar em nossa jornada. Cada aventureiro deve avaliar sua disposição pessoal para aceitar riscos em consonância com suas metas financeiras. Uma abordagem equilibrada, alinhando a tolerância ao risco com os objetivos, orienta-nos na busca por recompensas adequadas. O horizonte temporal é como a bússola que orienta a navegação. Compreender que diferentes investimentos têm diferentes prazos de maturação é vital. A arte do timing [A "arte do timing" envolve escolher o momento estratégico para agir, seja em investimentos, decisões pessoais ou profissionais, visando otimizar resultados. Dominar essa habilidade demanda observação, análise do contexto e intuição], saber quando entrar ou sair, é uma habilidade valiosa a ser desenvolvida.

Nesta jornada, o aprendizado contínuo é a âncora que nos mantém estáveis. A compreensão de novos desenvolvimentos, mudanças nos mercados e a adaptação constante às condições são essenciais para se manter à frente nos mares tumultuados da economia. Ao navegar pelos riscos e recompensas financeiras, vocês se tornam verdadeiros capitães de suas jornadas. Cada onda enfrentada é uma oportunidade para crescer e aprender. Avancemos com determinação, navegadores, conscientes de que, embora os riscos sejam inevitáveis, a mestria na navegação nos levará às recompensas que almejamos. Que esta viagem pelos mares financeiros seja repleta de conquistas e crescimento! Sigamos confiantes em direção ao horizonte de oportunidades que se desenha diante de nós.

Iniciando a jornada de investir com pouco dinheiro

Navegadores em busca da ilha da prosperidade, para muitos aventureiros financeiros, o ponto de partida na jornada de investir é frequentemente marcado pela pergunta: Como começar com pouco dinheiro? Este capítulo desbrava as estratégias e insights necessários para iniciar uma jornada de investimento, mesmo com recursos modestos. Preparem-se para descobrir que, independentemente do tamanho da embarcação, é possível lançar as velas em direção aos mares da construção de riqueza.

Não subestimem o poder dos pequenos montantes. Assim como gotas d'água formam oceanos, pequenos investimentos regulares podem se transformar em uma fonte significativa de crescimento ao longo do tempo. Antes de levantar as âncoras, estabeleçam metas realistas. Saibam por que estão embarcando nesta jornada. Seja para uma futura compra, fundo de emergência ou aposentadoria, ter objetivos claros guiará suas escolhas de investimento. Em nosso arsenal de opções acessíveis, considerem investir em ETFs (Exchange-Traded Funds) ou fundos mútuos de baixo custo. Estas são como botes que oferecem uma diversificação instantânea, permitindo que participem de diferentes ativos com um investimento relativamente pequeno. Naveguem por plataformas de investimento online que permitem a entrada no mundo dos investimentos com quantias modestas. Muitas dessas plataformas oferecem acesso a ações fracionadas, permitindo que comprem frações de ações mesmo com orçamento limitado. Existem alguns bancos digitais que facilitam esse investimento com custo zero, como:

- **Nubank**: Oferece opções de investimento como o "NuConta" e "Tesouro Direto".
- **Inter**: Possui a plataforma "Inter Invest" para investimentos em diversos produtos.
- **Neon**: Oferece opções de investimentos como CDBs e Tesouro Direto.
- **C6 Bank**: Proporciona variedade de opções de investimento, incluindo CDBs e fundos.

Ativem a poupança automática como a bússola que mantém o curso. Programem transferências regulares para suas contas de investimento, transformando a disciplina financeira em uma rotina consistente. Ao longo da jornada, colham os frutos do reinvestimento de dividendos. Em vez de retirar os rendimentos, reinvestir esses proventos permite que seus investimentos cresçam de forma acelerada ao longo do tempo. Considere a aprendizagem como um ativo valioso. Informem-se sobre diferentes instrumentos financeiros, entendam os riscos e as oportunidades. A expertise construída é um vento constante a favor na navegação pelos mercados.

Ao começar a investir com pouco dinheiro, lembrem-se de que cada pequeno passo é uma vitória. Este é o início de uma jornada que crescerá à medida que vocês aprimoram suas habilidades e expandem seus horizontes financeiros. Deem o primeiro mergulho, pois, independentemente do tamanho do investimento, cada escolha consciente contribuirá para a construção do tesouro que almejam. Que esta viagem rumo à prosperidade seja tão emocionante quanto promissora! Sigamos confiantes, exploradores, em busca da ilha da riqueza!

CAPÍTULO 4: CULTIVANDO HÁBITOS FINANCEIROS SAUDÁVEIS

Caros construtores de fortunas, ao iniciarmos esta nova etapa de nossa jornada financeira, adentramos um território fundamental: a criação e cultivo de hábitos financeiros saudáveis. Assim como um solo fértil propicia o crescimento de sementes, hábitos financeiros sólidos são a base para a construção de uma vida financeira robusta. Preparem-se para explorar as práticas diárias que moldarão seu destino econômico e garantirão uma jornada financeira próspera.

Disciplina financeira é como o alicerce de uma construção sólida. Cultivem o hábito de viver dentro de seus meios, evitando dívidas desnecessárias e tomando decisões conscientes que estejam alinhadas com seus objetivos financeiros. Assim como um roteiro guia uma grande produção, um orçamento eficaz orienta suas finanças. Aprendam a criar e seguir um orçamento, identificando áreas de melhoria e ajustando-o conforme necessário para atender às suas metas. Façam do investimento um hábito prioritário. Reserve uma porção de seus ganhos para a construção de um fundo de emergência e para futuros investimentos. Este hábito proporciona segurança e abre portas para oportunidades futuras. Reconheçam a armadilha do consumismo. Cultivem a habilidade de diferenciar desejos de necessidades, evitando compras impulsivas e garantindo que cada gasto contribua para seus objetivos financeiros. Transformem a aprendizagem contínua em um pilar. Mantenham-se atualizados sobre conceitos financeiros, estratégias de investimento e tendências econômicas. Este hábito os empodera para tomar decisões mais informadas ao longo do tempo. Encarem o desafio de liquidar dívidas de forma estratégica. Estabeleçam um plano de pagamento, priorizando dívidas de alto custo, e evitem a acumulação de juros desnecessários. Cultivem o hábito de avaliação periódica. Regularmente, revisitem seus objetivos, orçamentos e estratégias de investimento. Façam ajustes conforme necessário para garantir que estejam na trilha certa rumo à realização de seus sonhos.

Ao cultivar hábitos financeiros saudáveis, vocês se tornam os arquitetos de sua própria fortuna. Cada escolha diária é um tijolo na construção de uma vida financeira sólida e sustentável. Avancemos com determinação e consciência, pois, assim como a saúde física requer bons hábitos, a saúde financeira também é resultado de práticas consistentes. Que este capítulo seja uma fonte de inspiração para a criação de uma rotina que encaminhe todos vocês para a prosperidade duradoura. Sigamos construindo nosso legado financeiro, um hábito de cada vez!

Navegando nas águas sem dívidas desnecessárias

Queridos navegantes da prosperidade, este capítulo nos conduz por águas tranquilas, longe dos rochedos financeiros que são as dívidas desnecessárias. Em nossa jornada, aprenderemos a evitar armadilhas que podem minar nosso progresso, garantindo que nossos barcos financeiros naveguem suavemente em direção à estabilidade econômica. Preparem-se para descobrir estratégias que os manterão longe das correntes turbulentas das dívidas supérfluas.

O primeiro farol para evitar dívidas desnecessárias é distinguir entre necessidades essenciais e desejos momentâneos. Ao fazer compras, questionem-se se o que desejam é uma verdadeira necessidade ou apenas um impulso temporário. Um sólido fundo de emergência é como um escudo protetor contra as tempestades financeiras. Cultivem o hábito de poupar para emergências, evitando recorrer a empréstimos quando imprevistos ocorrerem.

Mantenham o orçamento como o guardião de suas finanças. Ao criar e seguir um orçamento, vocês controlam seus gastos, prevenindo excessos que podem levar a dívidas desnecessárias. Resistam à tentação das compras impulsivas. Estabeleçam um período de reflexão antes de realizar compras significativas. Muitas vezes, o desejo diminui, evitando arrependimentos financeiros. Utilizem o crédito com consciência. Antes de recorrer a empréstimos ou cartões de crédito, avaliem a real necessidade e capacidade de pagamento. O crédito é uma ferramenta, mas seu uso descontrolado pode levar a dívidas indesejadas.

Caso já estejam enfrentando dívidas, explorem opções de renegociação ou refinanciamento. Busquem taxas de juros mais baixas e condições mais favoráveis para aliviar o fardo financeiro. A chave para evitar dívidas desnecessárias está em manter um estilo de vida sustentável. Ajustem suas escolhas de acordo com seus meios, evitando comparar-se a padrões inatingíveis que podem levar a gastos excessivos.

A aprendizagem é uma bússola confiável. Continuem educando-se sobre finanças pessoais, compreendendo os riscos associados às dívidas e explorando estratégias para evitar armadilhas financeiras. Ao navegar pelas águas sem dívidas desnecessárias, vocês asseguram uma viagem tranquila em direção à realização de objetivos financeiros. Este capítulo serve como um farol, guiando-os através das escolhas diárias para construir uma fundação financeira robusta. Avancemos com sabedoria, evitando os redemoinhos das dívidas desnecessárias e construindo um futuro financeiro sólido. Que esta jornada seja marcada por escolhas conscientes e uma navegação suave rumo à prosperidade duradoura.

Forjando o caminho da disciplina financeira

Queridos construtores do futuro, adentrando um novo tema, vamos explorar as sendas da disciplina financeira, um tesouro valioso que molda o destino de nossas vidas econômicas. Nesta jornada, aprenderemos a forjar a disciplina necessária para alcançar nossos objetivos, superar desafios e construir uma base sólida para uma prosperidade duradoura. Preparem-se para desvendar os segredos que transformam a disciplina financeira em uma aliada confiável em nossa jornada.

O primeiro passo na forja da disciplina financeira é a clareza em relação aos objetivos. Estabeleçam metas financeiras concretas e tangíveis, criando uma visão que sirva como inspiração para a disciplina diária. A disciplina financeira se sustenta sobre um alicerce orçamentário sólido. Desenvolvam o hábito de criar e seguir um orçamento realista, que sirva como um guia para controlar gastos, poupar e investir de maneira alinhada com suas metas. Desenvolvam a habilidade de priorizar gastos de forma consciente. Avaliem cuidadosamente cada despesa, garantindo que cada centavo gasto contribua para seus objetivos financeiros.

Transformem a disciplina em um hábito automático. Configurem transferências automáticas para contas de poupança e investimento, garantindo que uma parte de seus ganhos seja reservada antes mesmo de terem a oportunidade de gastar.

Desenvolver a disciplina financeira requer resistência à tentação do consumismo. Pratiquem o autocontrole ao enfrentar decisões de compra, lembrando-se sempre de seus objetivos financeiros e do valor a longo prazo que representam. Reforcem a disciplina através do aprendizado contínuo. Analisem experiências financeiras passadas, identificando padrões de comportamento e tomando medidas corretivas para evitar erros similares no futuro.

A disciplina financeira está enraizada em um estilo de vida sustentável. Ajustem suas escolhas de acordo com seus meios, evitando padrões de vida que possam comprometer seus objetivos financeiros ela não é estática; é dinâmica. Estabeleçam o hábito de monitorar regularmente seu progresso, ajustando estratégias conforme necessário para manter-se no caminho certo.

Ao forjar o caminho da disciplina financeira, vocês se tornam mestres de suas finanças, capitães de seus próprios destinos. Cada escolha consciente é um passo na direção de uma vida financeira equilibrada e bem-sucedida. Avancemos com coragem, construtores do futuro, sabendo que a disciplina é a chave para desbloquear um tesouro de oportunidades e realizações. Que este capítulo inspire e guie vocês na jornada da disciplina financeira duradoura. Sigamos em frente, rumo a um horizonte de prosperidade!

Pagando-se Primeiro - O Fundamento da Prosperidade

Neste tema, vamos explorar um princípio fundamental que tem o poder de transformar nossas vidas financeiras: a importância de pagar-se primeiro. Embarquem nesta jornada de descoberta, onde aprenderemos a priorizar nosso próprio sucesso financeiro, criando um alicerce sólido para a prosperidade. Preparem-se para desvendar os segredos por trás desse princípio e colocá-lo em prática em sua jornada rumo à realização financeira.

O Conceito de "Pagar-se Primeiro"

"Pagar-se primeiro" não é apenas um mantra, mas um **compromisso financeiro essencial**. Significa reservar uma porção de seus ganhos antes de qualquer outra despesa, priorizando seus objetivos financeiros antes de atender às necessidades e desejos do momento. A primeira aplicação prática de pagar-se primeiro é a construção de um fundo de emergência robusto. Ao reservar uma parte de seus ganhos para situações imprevistas, vocês se armam contra as tempestades financeiras e garantem uma base sólida.

Pagar-se primeiro também significa investir no futuro. Antes de pagar contas e despesas rotineiras, destinem uma parte de seus ganhos para investimentos, aproveitando o poder dos juros compostos para construir riqueza ao longo do tempo.

A automatização é a ferramenta que transforma o pagar-se primeiro em um hábito sólido. Configurem transferências automáticas para contas de poupança e investimento, garantindo que esse compromisso seja cumprido regularmente, sem depender da força de vontade diária.

Pagar-se primeiro é uma afirmação de suas prioridades. Antes de gastar em compras impulsivas ou despesas não essenciais, considerem suas metas financeiras. Este hábito disciplinado alinha suas escolhas diárias com seus objetivos a longo prazo. Ao pagar-se primeiro, vocês reduzem significativamente o estresse financeiro. Saber que estão construindo um futuro financeiro sólido proporciona tranquilidade, permitindo que enfrentem desafios com confiança.

Pagar-se primeiro é um investimento constante em seu crescimento financeiro sustentável. À medida que reservam regularmente uma parte de seus ganhos, criam uma base sólida para a construção de riqueza a longo prazo.

Ao praticar o pagar-se primeiro, vocês criam um ciclo virtuoso. O sucesso financeiro gera mais recursos para investir, gerando mais crescimento e oportunidades. Esse ciclo positivo é alimentado pela disciplina financeira. Ao compreender e aplicar a importância de pagar-se primeiro, vocês inauguram um caminho de prosperidade. Este princípio não apenas constrói riqueza, mas também fortalece a mentalidade financeira, transformando a maneira como encaram cada decisão financeira. Sigam adiante, arquitetos de seu próprio destino, sabendo que, ao priorizarem seus próprios objetivos, estão construindo as fundações de uma vida financeira plena e realizadora. Que este capítulo inspire e guie vocês na jornada de pagar-se primeiro e conquistar o futuro que desejam. Rumo à prosperidade!

CAPÍTULO 5: INVESTINDO NO FUTURO - SEMEANDO PROSPERIDADE

Caros visionários da riqueza, neste capítulo, exploraremos o cerne de uma jornada financeira frutífera: investir no futuro. Preparem-se para descobrir os princípios e estratégias que transformarão seus esforços atuais em uma colheita abundante de prosperidade. Ao adentrarmos este terreno, vislumbremos o potencial que o investimento no futuro oferece para moldar uma vida financeira repleta de realizações e conquistas duradouras.

Entendendo o Poder dos Investimentos

Investir no futuro é compreender o poder transformador dos investimentos. Cada real investido se torna uma semente que, ao longo do tempo, germina e cresce, proporcionando retornos que impulsionam a construção de riqueza. O tempo é um aliado precioso no mundo dos investimentos. Quanto mais cedo começarem a investir, mais tempo terão para aproveitar os juros compostos, uma força multiplicadora que acelera o crescimento de seus recursos ao longo do tempo.

Para iniciar a jornada de investimento, considerem estratégias como a diversificação de carteira, a alocação de ativos e a escolha de instrumentos financeiros alinhados com seus objetivos e tolerância ao risco. Investir no futuro requer resiliência diante das flutuações do mercado. A capacidade de manter uma visão a longo prazo, mesmo diante de desafios momentâneos, é uma característica vital para o sucesso nos investimentos. Alinhem seus investimentos com objetivos específicos. Seja a compra de uma casa, a educação dos filhos ou a aposentadoria, o planejamento direcionado permite que seus investimentos sirvam como uma ponte para alcançar metas concretas. Diversifiquem suas opções explorando diferentes classes de ativos, como ações, títulos, imóveis e outros instrumentos financeiros. A diversificação reduz o risco e maximiza as oportunidades de crescimento. Pratiquem o hábito do reinvestimento. Ao reinvestir dividendos e rendimentos, vocês aceleram o crescimento de seus investimentos, aproveitando ao máximo as oportunidades de crescimento ao longo do tempo. Invistam também em conhecimento. O mundo dos investimentos está em constante evolução. Manter-se atualizado e buscar aprendizado contínuo contribuirá para tomar decisões mais informadas e eficazes.

  Investir no futuro é uma jornada de paciência, estratégia e dedicação. Cada decisão financeira informada e cada investimento planejado são passos na direção de um amanhã mais próspero. Sigamos adiante, visionários, cultivando o jardim de oportunidades que os investimentos oferecem. Que este capítulo inspire confiança e clareza na busca por uma vida financeira repleta de realizações e segurança. Rumo ao horizonte brilhante do futuro que vocês estão construindo!

Investindo no Futuro: Planejamento para Grandes Metas

Queridos construtores de sonhos, este tópico nos leva a explorar uma dimensão vital do investimento no futuro: o planejamento estratégico para grandes metas. Seja a busca pela educação dos filhos, a conquista do lar ideal ou qualquer outra aspiração de grande magnitude, o caminho para a realização começa com um planejamento cuidadoso e investimentos bem direcionados. Vamos navegar juntos neste capítulo, onde desvendaremos os segredos de transformar sonhos grandiosos em metas alcançáveis por meio de estratégias financeiras inteligentes.

O primeiro passo para o planejamento é a clara visualização do futuro desejado. Concretizem seus sonhos, detalhando cada aspecto da grande meta que desejam alcançar. Seja a formatura dos filhos em uma renomada universidade ou a casa perfeita, a visualização é a força propulsora do planejamento.

Transformem a visão em metas financeiras tangíveis. Quantifiquem o custo estimado da educação, do imóvel ou de qualquer outra grande meta. Estabeleçam metas claras e alcançáveis para guiar seus esforços de investimento.

Cada grande meta merece um plano de investimento personalizado. Identifiquem o prazo para alcançar a meta, tolerância ao risco e o montante necessário. Com base nesses parâmetros, criem uma estratégia de investimento que alinhe recursos e objetivos.

A diversificação de investimentos é uma ferramenta poderosa no planejamento para grandes metas. Espalhar os recursos entre diferentes classes de ativos reduz riscos e maximiza oportunidades de crescimento, fortalecendo a resiliência do plano. A disciplina financeira é a bússola que mantém o curso. Mantenham-se fiéis ao plano estabelecido, priorizando contribuições regulares para seus investimentos, mesmo em momentos desafiadores. A consistência é a chave para alcançar metas de longo prazo. Periodicamente, avaliem e ajustem o plano conforme necessário. Mudanças na vida, no mercado ou nas metas podem requerer adaptações. Um plano flexível é tão importante quanto ser resiliente às mudanças.

Ao planejar para grandes metas, considerem instrumentos financeiros específicos. Certificados de depósito educacional, fundos de previdência e outras opções podem oferecer vantagens específicas para determinadas metas.

Celebrem cada conquista ao longo do caminho. Não apenas a realização final, mas as etapas intermediárias merecem reconhecimento. Essas vitórias parciais reforçam o compromisso e mantêm o entusiasmo na jornada. Ao planejar para grandes metas, vocês se tornam arquitetos do próprio destino. Este capítulo é um guia para transformar sonhos imponentes em realidades tangíveis, passo a passo. Avancemos juntos, construtores de futuros grandiosos, com a certeza de que cada decisão de investimento nos aproxima das metas que verdadeiramente importam. Que este capítulo inspire a confiança necessária para traçar caminhos que conduzam aos sonhos mais ambiciosos. Rumo ao futuro que vocês estão meticulosamente planejando!

Estratégias de Investimento a Longo Prazo para Jovens Visionários

Caros arquitetos do amanhã, desvendaremos estratégias de investimento a longo prazo projetadas especialmente para vocês, jovens visionários. Considerando não apenas o horizonte temporal generoso à disposição, mas também a ousadia e visão característica desta fase da vida, exploraremos estratégias que transformarão seus sonhos em conquistas tangíveis. Vamos mergulhar nas práticas inteligentes que não só construirão riqueza ao longo do tempo, mas também capacitarão vocês a moldar um futuro próspero.

Jovens, a maior arma em seu arsenal é o tempo. Cada ano é uma oportunidade de crescimento exponencial nos investimentos. Comecem cedo e permitam que o tempo trabalhe a seu favor. A juventude é o momento perfeito para explorar investimentos de renda variável, como ações. Aceitem o risco calculado e a volatilidade do mercado, pois, ao longo do tempo, esses investimentos têm o potencial de gerar retornos significativos. Diversificar é a chave para equilibrar riscos e oportunidades. Explore diferentes classes de ativos, como ações, títulos e fundos mútuos, criando um portfólio robusto que maximiza o potencial de crescimento.

Considere fundos de previdência e previdência privada como aliados para o longo prazo. Além de oferecerem benefícios fiscais, esses instrumentos são construtores sólidos de patrimônio ao longo dos anos.

O conhecimento é uma ferramenta valiosa. Invista não apenas dinheiro, mas também tempo na educação financeira. Compreender o funcionamento do mercado e as estratégias de investimento é um ativo que valoriza com o tempo.

A automação é sua aliada. Configure contribuições automáticas para seus investimentos. Isso não apenas garante consistência, mas também aproveita o conceito de "pagar-se primeiro", direcionando parte de seus ganhos para o crescimento financeiro antes de qualquer outra despesa. Estejam atentos às oportunidades geradas pelo crescimento tecnológico. Setores como tecnologia, inovação e sustentabilidade podem oferecer oportunidades de investimento significativas para jovens inovadores.

A volatilidade faz parte do jogo dos investimentos. Mantenham-se resilientes diante das flutuações do mercado, lembrando-se de que o tempo está a seu favor. Usem as quedas como oportunidades de compra e aprendizado. Investir a longo prazo é uma jornada emocionante que, para vocês, está apenas começando. Cada escolha de investimento é uma pedra no caminho da construção de um futuro financeiro sólido e repleto de realizações. Avancem com confiança, jovens visionários, pois o amanhã é moldado pelas decisões que vocês tomam hoje. Que este capítulo inspire coragem, visão e ação na busca de um futuro financeiro extraordinário. Rumo aos seus sonhos grandiosos!

Explorando Opções de Aposentadoria para Jovens Visionários

Caros construtores de sonhos, vamos explorar uma jornada essencial, embora muitas vezes negligenciada pelos jovens: as opções de aposentadoria. Ao compreender a importância de planejar para o futuro, especialmente para um período em que a independência financeira se torna crucial, vocês se tornarão arquitetos do próprio destino.

Vamos explorar estratégias e opções que não apenas garantirão um futuro confortável, mas também permitirão que vocês vivam a aposentadoria dos sonhos.

Assim como nos investimentos, começar cedo é fundamental na jornada da aposentadoria. Cada ano adicional contribui significativamente para a construção de um ninho confortável para os anos dourados.

Planos de previdência privada são aliados valiosos na busca pela aposentadoria tranquila. Avaliem diferentes opções disponíveis, considerando taxas, benefícios e flexibilidade para encontrar o plano que melhor se adequa às suas necessidades.

Se tiverem a oportunidade de participar de planos de aposentadoria oferecidos pelo empregador, aproveitem. Muitas empresas oferecem contrapartidas e benefícios fiscais, tornando esses planos uma escolha inteligente.

Contas de previdência voluntária oferecem flexibilidade e controle adicional sobre suas contribuições. Pesquisem sobre contas individuais que podem ser personalizadas de acordo com seus objetivos e situação financeira.

Considerem que depender exclusivamente da previdência social pode não ser suficiente. Planejem para a aposentadoria com a premissa de que a previdência social é um complemento e não a única fonte de renda.

Mantenham uma abordagem de investimento a longo prazo para seus fundos de aposentadoria. A diversificação e a paciência são suas aliadas enquanto buscam maximizar o crescimento ao longo do tempo.

A vida é dinâmica, e seu plano de aposentadoria deve acompanhá-la. Revisitem e atualizem seu plano regularmente, considerando mudanças na vida, objetivos e condições financeiras.

Além dos planos específicos, cultivem hábitos financeiros sustentáveis. Isso inclui a disciplina de poupar regularmente, evitar dívidas desnecessárias e manter um estilo de vida equilibrado.

Ao explorar opções de aposentadoria, vocês estão moldando o futuro com sabedoria e visão. Este capítulo é um guia para garantir que os anos da aposentadoria sejam uma fase de conquistas e realização, onde vocês desfrutem dos frutos de seus esforços ao longo da vida. Avancem com confiança, jovens visionários, sabendo que cada passo hoje contribui para uma aposentadoria vibrante amanhã. Que este capítulo inspire clareza e ação na construção de um futuro de abundância e bem-estar. Rumo à aposentadoria dos sonhos!

CAPÍTULO 6: SUPERANDO OBSTÁCULOS FINANCEIROS: UM GUIA PARA O FUTURO

Neste capítulo, exploraremos um tema fundamental em nossas jornadas financeiras: superar obstáculos. Independentemente da idade, enfrentar desafios financeiros é uma parte significativa da construção de um futuro sólido. Vamos abordar não apenas os obstáculos comuns, mas também estratégias para transformá-los em oportunidades de crescimento e aprendizado.

O primeiro passo é reconhecer os obstáculos financeiros que podem surgir, como dívidas, despesas inesperadas e a falta de experiência em investimentos. Antecipem-se a imprevistos criando um plano de emergência financeira. Estabeleçam uma reserva para lidar com despesas inesperadas, proporcionando uma rede de segurança em tempos difíceis.

Dívidas podem ser um desafio, mas também uma oportunidade para aprender. Desenvolvam estratégias para lidar com dívidas de maneira estratégica, como consolidar empréstimos, renegociar taxas de juros e criar um plano de quitação. Estabeleçam metas financeiras realistas e alcançáveis. Ao definirem objetivos tangíveis, criarão um roteiro claro para superar obstáculos, mantendo o foco nas realizações graduais. Hábitos financeiros saudáveis são armas poderosas contra obstáculos. Priorizem o pagamento de contas em dia, pratiquem a contenção de gastos desnecessários e busquem sempre aprender mais sobre educação financeira. Não hesitem em buscar apoio e mentoria. Conversem com pessoas mais experientes, busquem conselhos financeiros e aprendam com as experiências daqueles que superaram obstáculos semelhantes.

Encarem cada desafio como uma oportunidade de crescimento. Aprender a superar obstáculos não apenas fortalecerá suas habilidades financeiras, mas também moldará uma mentalidade resiliente diante das adversidades. Reflitam sobre experiências passadas. Identifiquem padrões e lições aprendidas com obstáculos anteriores. Essa reflexão contínua os equipará com a sabedoria necessária para enfrentar futuros desafios.

Superar obstáculos financeiros é uma jornada contínua, mas cada desafio é uma oportunidade de aprendizado e crescimento. Avancem com coragem, sabendo que a resiliência construída hoje será a força propulsora de um futuro financeiro sólido. Que este capítulo inspire confiança e determinação na superação de obstáculos e na conquista de uma vida financeira plena e bem-sucedida. Rumo à vitória sobre os desafios!

Navegando Pelas Águas das Adversidades Financeiras: Um Guia para Resiliência

Caros navegantes da vida financeira, este capítulo é dedicado a explorar um tema universal e desafiador: lidar com adversidades financeiras. Em algum ponto de nossas vidas, enfrentamos tempestades monetárias que testam nossa resiliência. Vamos desbravar estratégias e insights que não apenas ajudarão a enfrentar essas adversidades, mas também a emergir delas mais fortes e preparados para os desafios futuros.

O primeiro passo é reconhecer as adversidades financeiras. Sejam dívidas inesperadas, perda de emprego ou despesas médicas, enfrentar de frente a situação é essencial para traçar um caminho para a recuperação. Façam uma avaliação honesta da situação financeira. Analisem receitas, despesas e identifiquem áreas onde ajustes podem ser feitos. Conhecimento detalhado da situação é fundamental para desenvolver um plano eficaz. Em tempos de adversidade, priorizem despesas essenciais. Garantam que necessidades básicas, como moradia, alimentação e cuidados médicos, sejam atendidas antes de outros compromissos financeiros. Não hesitem em negociar dívidas e compromissos. Muitas instituições financeiras estão dispostas a discutir alternativas e ajustar termos para acomodar situações difíceis. Busquem recursos de apoio disponíveis na comunidade, governo ou organizações sem fins lucrativos. Existem programas e assistências financeiras que podem oferecer suporte em momentos de dificuldade. Desenvolvam um plano de recuperação claro e realista. Estabeleçam metas alcançáveis, focadas na estabilização financeira a curto prazo e no progresso a longo prazo.

A adversidade é uma professora valiosa. Invistam em educação financeira contínua para aprender com a experiência e adquirir habilidades que os capacitarão a tomar decisões mais informadas no futuro.

Lembrem-se de cuidar da saúde mental. O estresse financeiro pode ser avassalador, e buscar apoio emocional, seja de amigos, familiares ou profissionais, é uma parte crucial do processo de recuperação.

Lidar com adversidades financeiras é uma jornada desafiadora, mas também uma oportunidade de crescimento e resiliência. Ao enfrentar as tempestades com determinação e aprendizado, vocês não apenas superarão as adversidades atuais, mas também estarão mais bem preparados para os ventos incertos do futuro. Que este capítulo inspire coragem e ofereça orientação na navegação das águas tumultuadas da vida financeira. Rumo à resiliência e à prosperidade duradoura!

Contornando Desafios Financeiros: Estratégias Práticas para Navegar com Resiliência

Caros leitores, apresentamos agora nesse espaço um guia prático repleto de estratégias para enfrentar desafios financeiros com resiliência. Ao invés de repetir o que já foi dito, concentrar-nos-emos em fornecer abordagens específicas e ferramentas úteis para navegar com segurança nas águas complexas da vida financeira.

1. Mapa Financeiro Personalizado:

Crie um mapa financeiro personalizado. Utilize ferramentas online que oferecem análises detalhadas de suas finanças, identificando áreas críticas e propondo soluções específicas.

2. Estratégias de Metas Claras:

Desenvolva estratégias com metas claras. Utilize técnicas práticas, como a definição de metas SMART, para criar objetivos mensuráveis e realistas, estabelecendo um caminho sólido para superar desafios.

3. Renegociação Efetiva de Dívidas:

Explore táticas efetivas de renegociação de dívidas. Utilize aplicativos especializados e recursos online para negociar termos mais favoráveis, consolidar dívidas e obter alívio financeiro.

4. Ferramentas Dinâmicas de Orçamento:

Adote ferramentas dinâmicas de orçamento. Utilize aplicativos que oferecem recursos como categorização automática de despesas, gráficos interativos e notificações em tempo real para manter o controle financeiro.

5. Aprendizado Financeiro Interativo:

Explore métodos de aprendizado financeiro interativo. Utilize aplicativos educativos que transformem a compreensão financeira em uma experiência envolvente, facilitando a assimilação de conceitos-chave.

6. Consultoria Financeira Personalizada:

Busque consultoria financeira personalizada. Plataformas digitais oferecem serviços adaptados às suas necessidades específicas, proporcionando orientação especializada e análise de cenários.

7. Colaboração Financeira Online:

Estabeleça colaboração financeira online. Utilize plataformas que facilitem a troca de ideias e estratégias entre amigos ou familiares, criando uma rede de apoio para enfrentar desafios financeiros.

8. Monitoramento Inteligente de Investimentos:

Mantenha um monitoramento inteligente de investimentos. Utilize aplicativos dedicados para acompanhar o desempenho de seus investimentos, permitindo ajustes conforme necessário.

Espero que estas estratégias e ferramentas forneçam a orientação prática que vocês buscam para superar desafios financeiros. Que este capítulo seja uma fonte valiosa de recursos para navegar com sucesso nas complexidades da vida financeira. Rumo à resiliência e prosperidade duradoura!

Aprendendo com os Erros Financeiros: Um Caminho para a Sabedoria Financeira

Caros viajantes, exploraremos a poderosa lição contida nos erros financeiros, transformando-os em degraus para a sabedoria financeira. Reconhecer e aprender com os equívocos é parte essencial do percurso para uma vida financeira mais sólida. Vamos descobrir como transformar cada tropeço em uma oportunidade valiosa de crescimento e aprendizado.

Iniciem o processo de aprendizado refletindo sobre decisões financeiras passadas. Analisem o que deu certo e o que poderia ter sido feito de forma diferente. A reflexão é a chave para aprimorar a tomada de decisões futuras. Observem padrões de comportamento em suas escolhas financeiras. Identificar tendências recorrentes pode revelar áreas específicas que precisam de ajustes e fornecer insights valiosos sobre seus hábitos financeiros. Aceitem a responsabilidade por suas decisões financeiras. Reconhecer os erros sem culpa excessiva é crucial. Assumir a responsabilidade é o primeiro passo para implementar mudanças positivas em sua abordagem financeira. Estejam dispostos a reajustar metas e expectativas. Se as escolhas passadas não conduziram aos resultados desejados, é hora de reavaliar metas, ajustar expectativas e definir novos objetivos realistas. Vejam os erros como oportunidades para construir resiliência financeira. Cada desafio superado fortalece sua capacidade de enfrentar situações adversas, tornando-os mais preparados para os desafios futuros. Invistam continuamente em educação financeira.

Aprender com os erros é um processo contínuo. Mantenham-se atualizados, participem de cursos e busquem conhecimento que os capacite a tomar decisões mais informadas. Utilizem a tecnologia a favor do aprendizado. Aplicativos e plataformas online podem oferecer insights valiosos sobre seus padrões de gastos, investimentos e planejamento financeiro, auxiliando na correção de cursos quando necessário. Estabeleçam estratégias de prevenção para evitar repetir os mesmos erros. Desenvolvam planos de contingência, consultem mentores financeiros e adotem medidas proativas para evitar armadilhas financeiras conhecidas.

Aprender com os erros é um processo contínuo e enriquecedor. Cada deslize é uma oportunidade para crescer, ajustar o curso e construir uma base financeira mais sólida. Que esta aventura inspire a reflexão necessária para transformar cada desafio em um degrau em direção à sabedoria financeira duradoura. Rumo a uma jornada financeira repleta de aprendizado e progresso!

CAPITULO 7: DESBRAVANDO A CONEXÃO ENTRE TECNOLOGIA E FINANÇAS: GUIANDO JOVENS RUMO À MODERNIDADE FINANCEIRA

Adentraremos no fascinante cruzamento entre tecnologia e finanças, considerando especialmente o público jovem em busca de inovação e praticidade em sua jornada financeira. Explore conosco como as últimas tendências tecnológicas estão moldando e simplificando o cenário financeiro, capacitando jovens a gerenciar suas finanças de maneira acessível e moderna.

Desbrave o mundo da automatização financeira através de aplicativos especializados. Essas ferramentas não apenas simplificam as tarefas do dia a dia, como também oferecem uma gestão financeira eficiente e adaptada ao estilo de vida moderno.

Explore como as Fintechs estão redefinindo os serviços bancários, proporcionando uma experiência ágil e transparente. Descubra as soluções inovadoras que atendem às necessidades dinâmicas dos jovens na era digital.

Mergulhe no universo da blockchain e das criptomoedas, agora acessíveis a todos. Entenda como essas tecnologias descentralizadas oferecem novas formas de investimento, desafiando a abordagem tradicional.

Explore a aplicação da inteligência artificial e assistentes virtuais financeiros amigáveis. Desde chatbots que respondem a dúvidas até algoritmos que auxiliam nas decisões de investimento, descubra como essas tecnologias simplificam o complexo mundo financeiro.

Adote a praticidade dos pagamentos digitais e carteiras virtuais especialmente adaptadas aos jovens. Essas soluções proporcionam transações rápidas e seguras, alinhadas com o estilo de vida digital.

Mergulhe em plataformas online de educação financeira envolventes e adaptadas aos jovens. Descubra como jogos educativos e recursos interativos tornam o aprendizado sobre finanças uma experiência cativante.

Compreenda a importância da segurança cibernética para jovens em sua jornada financeira online. Descubra estratégias para proteger suas informações e garantir uma experiência segura no mundo digital.

Explore o poder da personalização e interfaces amigáveis. Serviços financeiros personalizados e interfaces intuitivas são projetados pensando nas necessidades e preferências dos jovens, proporcionando uma experiência financeira mais conectada.

Neste capítulo, navegaremos pelas águas da inovação tecnológica, guiando jovens rumo a uma modernidade financeira que se alinha com suas necessidades e expectativas. Que este mergulho nas tecnologias financeiras contemporâneas seja uma bússola para uma jornada financeira mais eficiente e conectada, especialmente voltada para o público jovem. Rumo à interseção promissora entre tecnologia e finanças modernas, construindo um futuro financeiro sólido e empolgante!

Navegando nas Finanças com Aplicativos: Um Guia Prático para Jovens Visionários

Embarcaremos em uma jornada exploratória, desvendando o universo dos aplicativos financeiros. Especialmente elaborado para jovens visionários em busca de praticidade e controle em suas finanças, este guia oferece insights sobre como utilizar aplicativos financeiros de maneira inteligente para simplificar a gestão financeira diária.

Inicie a jornada organizando suas finanças com aplicativos de orçamento. Descubra como essas ferramentas podem ajudar na categorização automática de despesas, proporcionando uma visão clara de seus gastos e receitas.

Aqui estão alguns aplicativos de orçamento financeiro que podem ser úteis para você.

- **Mobills:** Oferece recursos para acompanhamento de gastos, controle de contas e metas financeiras.
- **GuiaBolso:** Permite sincronizar automaticamente dados bancários, categorizar despesas e acompanhar o fluxo de caixa.
- Organizze: Ajuda a controlar gastos, fazer planejamentos financeiros e estabelecer metas de economia.
- **Minhas Economias:** Possui funcionalidades para controle de despesas, definição de

objetivos financeiros e acompanhamento de investimentos.

- **Toshl Finance:** Permite rastrear despesas, criar gráficos e relatórios detalhados, além de sincronizar dados entre diferentes dispositivos.

Esses são algumas ferramentas que você pode experimentar que oferecem uma variedade de recursos para ajudar a organizar suas finanças, categorizar despesas e ter uma visão clara de seus hábitos de gastos e receitas. Explore a praticidade de rastrear despesas com os aplicativos especializados. Conheça métodos que oferecem recursos intuitivos para monitorar seus gastos em tempo real, permitindo ajustes e controle financeiro imediato.

Mergulhe no mundo dos investimentos de forma descomplicada com aplicativos dedicados. Descubra plataformas que oferecem opções de investimento acessíveis e ferramentas educativas para orientar jovens investidores. Adote a agilidade dos pagamentos digitais utilizando aplicativos financeiros. Entenda como realizar transações, transferências e pagamentos de contas de maneira rápida e segura, eliminando a necessidade de dinheiro físico.

Descubra o universo das criptomoedas com aplicativos específicos. Para aqueles que buscam explorar esse mercado em ascensão, conheça ferramentas que facilitam a compra, venda e gestão de criptoativos.

Invista em conhecimento financeiro com aplicativos de educação interativa. Explore plataformas que transformam aprendizado em experiências envolventes, facilitando a absorção de conceitos-chave de maneira prática.

Compreenda a importância da segurança cibernética com aplicativos dedicados. Mantenha-se seguro online, explorando ferramentas que protegem suas informações financeiras e garantem uma experiência digital segura.

Personalize sua jornada financeira com aplicativos intuitivos. Escolha ferramentas que se alinhem com seu estilo de vida e preferências, proporcionando uma experiência única e adaptada às suas necessidades.

Ao explorar estas ferramentas, vocês jovens visionários encontrarão um guia prático para integrar aplicativos financeiros em sua rotina, transformando a gestão financeira em uma experiência simplificada e eficiente. Que esta exploração seja uma inspiração para aproveitar o melhor que a tecnologia oferece, construindo um caminho sólido para o sucesso financeiro. Rumo a uma jornada financeira descomplicada e conectada!

Explorando Plataformas de Investimento Online: Navegando no Mundo dos Investimentos Digitais

Nesse momento adentraremos ao fascinante universo das plataformas de investimento online, especialmente desenhado para jovens em busca de oportunidades para fazer seu dinheiro prosperar. Descubra como estas plataformas oferecem acessibilidade, educação e opções diversificadas para quem deseja iniciar sua jornada no mundo dos investimentos.

Inicie sua jornada de investimento online aproveitando a acessibilidade oferecida por diversas plataformas. Descubra como essas ferramentas tornam o investimento mais democrático e acessível, permitindo que jovens entrem no mercado com montantes reduzidos. Explore a diversificação de investimentos proporcionada por plataformas online. Conheça as opções que vão além das tradicionais, como ações e títulos, permitindo que jovens invistam em ativos como criptomoedas, fundos de investimento e muito mais. Aproveite a educação financeira embutida nas plataformas de investimento online. Descubra como essas ferramentas oferecem recursos educativos, tutoriais e análises de mercado para capacitar jovens investidores a tomar decisões informadas. Mergulhe na prática de investir com pequenos montantes. Conheça plataformas que permitem investimentos fracionados, possibilitando que jovens construam portfólios sólidos mesmo com recursos limitados. Acompanhe seus investimentos em tempo real. Descubra como as plataformas online oferecem ferramentas que fornecem atualizações instantâneas sobre o desempenho de seus investimentos, permitindo ajustes conforme necessário.

Utilize ferramentas de análise e pesquisa para informar suas decisões de investimento. Explore como as plataformas oferecem gráficos interativos, análises técnicas e relatórios de pesquisa para auxiliar na escolha de ativos. Aproveite a integração com aplicativos financeiros para uma gestão consolidada. Descubra como muitas plataformas se integram a aplicativos de orçamento e finanças, facilitando o acompanhamento de investimentos dentro do contexto financeiro global.

Participe de comunidades e networking online de investidores. Conheça plataformas que proporcionam espaços para compartilhar experiências, trocar ideias e aprender com outros jovens investidores, criando uma comunidade engajada.

Que esta jornada seja enriquecedora e proporcione a vocês as ferramentas necessárias para construir um futuro financeiro sólido e próspero. Rumo a uma experiência de investimento online gratificante e repleta de aprendizado!

Desbravando o Universo Financeiro com Tecnologia: Navegando na Sua Aventura Financeira de Forma Descomplicada

Vamos nos aventurar e descobrir como a tecnologia pode ser a sua melhor amiga na hora de cuidar das suas finanças. Vamos descobrir ferramentas e truques que tornam tudo mais simples, conectando vocês a uma jornada financeira mais prática e eficiente. Então, preparem-se para embarcar nessa aventura repleta de praticidade!

Iniciaremos essa jornada integrando apps de bolso para organizar as finanças. Descubram como essas ferramentas facilitam a vida, categorizando gastos e mostrando de forma clara como o dinheiro está sendo utilizado.

Para os amantes da praticidade, a sincronização bancária online é uma mão na roda. Conecta suas contas aos apps financeiros para acompanhar em tempo real todas as transações e saldos, de um jeito que se encaixa perfeitamente no seu dia a dia de aventuras.

Vamos explorar como a integração de apps de investimento pode simplificar tudo. Com essa parceria, é possível monitorar investimentos e fazer ajustes sem complicações.

Vamos conversar sobre como os pagamentos digitais podem facilitar a sua rotina. Com carteiras virtuais e apps de pagamento, o seu dinheiro fica sempre à mão, sem a necessidade de usar dinheiro físico.

Para os que prezam pela segurança, o mundo blockchain é o destino ideal. Descubram como essa tecnologia pode ser incorporada às finanças, oferecendo transparência e segurança nas transações.

Percebam como a inteligência artificial pode ser uma aliada na hora de tomar decisões financeiras. Assistentes virtuais espertos podem oferecer dicas valiosas e auxiliar no gerenciamento financeiro de forma estratégica.

Vamos investir em educação financeira online que se adapta ao seu estilo. Plataformas com cursos personalizados vão garantir um aprendizado prático e constante, acompanhando sua jornada financeira.

Para encerrar, vamos abordar a segurança cibernética. Descubram ferramentas e práticas que garantem a proteção das suas informações, proporcionando tranquilidade em todas as suas aventuras financeiras.

Com essas dicas, a ideia é fazer da tecnologia sua grande aliada no gerenciamento financeiro. Que este capítulo seja um guia para uma jornada financeira mais conectada, eficiente e tranquila. Vamos descomplicar as finanças juntos?

Histórias de Sucesso: Inspirações Financeiras para Jovens Visionários

Neste capítulo, vamos mergulhar em histórias de sucesso financeiro que podem inspirar e motivar cada um de vocês. Vamos explorar experiências de jovens visionários que, com planejamento, disciplina e um toque de ousadia, alcançaram seus objetivos financeiros. Preparem-se para conhecer histórias inspiradoras que mostram que, com determinação, é possível transformar sonhos em realidade.

Vamos começar com a história do João, que transformou um orçamento apertado em um caminho para a liberdade financeira. Descubram como ele cortou gastos desnecessários, economizou e investiu com sabedoria para conquistar sua independência financeira.

Conheçam a Maria, uma jovem empreendedora que começou seu próprio negócio na adolescência. Ela compartilhará os desafios e as recompensas de se aventurar no mundo dos negócios desde cedo, mostrando como o empreendedorismo pode abrir portas para o sucesso financeiro.

Descubram a história do Pedro, que deu seus primeiros passos no mundo dos investimentos ainda jovem. Aprenderemos com ele como escolher investimentos inteligentes pode criar uma base sólida para o futuro, permitindo que seus investimentos cresçam ao longo do tempo.

A história da Ana nos mostrará como superar obstáculos financeiros com determinação. Ela enfrentou desafios inesperados, mas, com planejamento cuidadoso e resiliência, conseguiu dar a volta por cima e alcançar seus objetivos financeiros.

Conheçam a história do Lucas, que realizou sua viagem dos sonhos com um orçamento realista. Descubram como ele planejou e economizou de forma estratégica, mostrando que é possível alcançar metas financeiras enquanto aproveita a vida.

A história da Júlia destaca como é possível transformar uma paixão em uma fonte de renda extra. Vamos explorar como ela transformou seus talentos e interesses em oportunidades financeiras, criando um caminho único para o sucesso.

A história do Gabriel nos mostrará como o poder da educação financeira desde cedo pode moldar o futuro. Descubram como ele aprendeu a gerenciar suas finanças desde a adolescência, preparando-se para uma vida adulta financeiramente saudável.

Essas histórias são fontes de inspiração para cada um de vocês. Ao conhecer as jornadas de outros jovens visionários, esperamos que encontrem motivação para traçar seus próprios caminhos de sucesso financeiro. Vamos lá, embarquem nessas histórias incríveis e descubram o que é possível alcançar quando se tem determinação e um plano bem traçado!

CAPITULO 8: HISTÓRIAS DE SUCESSO
JOÃO - DA RESTRIÇÃO AO CAMINHO DA LIBERDADE FINANCEIRA

João sempre foi alguém que valorizava cada centavo. Desde jovem, ele percebia a importância de cuidar do dinheiro que ganhava, mesmo que fosse pouco. Com um orçamento apertado, João enfrentava desafios, mas estava determinado a construir um futuro financeiro sólido.

A primeira decisão de João foi entender para onde estava indo seu dinheiro. Ele começou a registrar todos os seus gastos, desde o cafezinho da manhã até as saídas com os amigos. Essa simples prática trouxe clareza sobre para onde o dinheiro estava indo e permitiu que João identificasse áreas em que poderia economizar.

Com um orçamento mais consciente, João começou a cortar despesas desnecessárias. Ele abriu mão de alguns luxos temporários em troca de benefícios a longo prazo. Os lanches rápidos foram substituídos por refeições preparadas em casa, e os gastos impulsivos deram lugar a compras planejadas.

Mas a verdadeira reviravolta na história de João aconteceu quando ele decidiu investir. Mesmo com um orçamento modesto, João direcionou uma parte de seus ganhos para investimentos inteligentes. Ele pesquisou opções acessíveis e escolheu investir em ativos que se alinhavam aos seus objetivos de longo prazo.

Ao longo do tempo, os investimentos de João começaram a crescer. Ele reinvestiu os rendimentos, continuou a economizar e manteve um olhar atento sobre suas finanças. Com disciplina e paciência, João viu seu patrimônio financeiro crescer de maneira constante.

A liberdade financeira que João conquistou não foi apenas sobre acumular dinheiro, mas sobre ter controle sobre sua vida. Ele não precisava mais se preocupar constantemente com contas ou limitações financeiras. João tinha a flexibilidade de tomar decisões com base no que realmente importava para ele, sem ser refém das restrições financeiras.

Hoje, João é um exemplo vivo de como a determinação, o planejamento cuidadoso e a disciplina podem transformar não apenas as finanças, mas toda a qualidade de vida. Ele continua a inspirar outros jovens visionários a traçarem seus próprios caminhos em direção à liberdade financeira.

MARIA - EMPREENDEDORISMO NA ADOLESCÊNCIA

Maria sempre foi apaixonada por design e criatividade. Desde muito jovem, ela adorava criar e desenhar, transformando suas ideias em verdadeiras obras de arte. Em um belo dia, inspirada por sua paixão e um desejo de independência financeira, Maria teve uma ideia: por que não transformar sua habilidade em um negócio?

Aos 16 anos, Maria deu os primeiros passos para criar seu próprio empreendimento. Começou com algo pequeno, oferecendo serviços de design gráfico para amigos e conhecidos. Ela desenvolvia logos, layouts para redes sociais e até mesmo estampas para camisetas.

O segredo do sucesso de Maria estava na combinação de sua paixão pelo design e sua disposição para aprender. Ela aprimorou suas habilidades, explorou novas tendências e adaptou seu trabalho conforme as necessidades de seus clientes. A qualidade de seu trabalho começou a chamar a atenção, e as demandas aumentaram.

Maria também percebeu a importância de usar a tecnologia a seu favor. Criou um portfólio online, promoveu seus serviços nas redes sociais e até mesmo desenvolveu parcerias com outros empreendedores locais. Sua presença digital não apenas expandiu seu alcance, mas também trouxe mais visibilidade ao seu talento.

O empreendimento de Maria não era apenas sobre ganhar dinheiro. Ela encontrou uma maneira de transformar sua paixão em uma fonte de renda, enquanto oferecia serviços valiosos para sua comunidade. Maria tornou-se uma empreendedora inspiradora, mostrando que é possível seguir seus sonhos e construir algo próprio desde muito cedo.

Hoje, Maria continua a expandir seu negócio, alcançando novos patamares e inspirando outros jovens a explorarem suas paixões. Sua jornada é um testemunho de como a combinação de paixão, aprendizado contínuo e um toque empreendedor pode levar a resultados surpreendentes, independentemente da idade.

EDRO - INVESTIMENTOS INICIAIS QUE TRANSFORMARAM O FUTURO

Desde cedo, Pedro sempre teve um interesse especial em entender como o dinheiro funcionava. Aos 17 anos, ele decidiu que era hora de começar a investir, mesmo com um orçamento limitado. Pedro sabia que os investimentos poderiam ser uma maneira poderosa de fazer o dinheiro trabalhar a seu favor.

Com uma pesquisa cuidadosa, Pedro descobriu opções acessíveis para investir, como fundos de índice e ações fracionadas. Ele decidiu direcionar uma parte de sua mesada mensal para esses investimentos, mesmo que fosse uma quantia modesta. O importante para Pedro era começar.

Ao longo dos meses, Pedro acompanhou de perto seus investimentos. Ele dedicava tempo para entender o mercado, ler sobre empresas e aprender com os movimentos financeiros. Mesmo enfrentando altos e baixos, Pedro permaneceu firme em sua estratégia de investimento a longo prazo.

O tempo foi um aliado de Pedro. Seus investimentos começaram a crescer gradualmente, e os rendimentos foram reinvestidos para potencializar seus ganhos. Pedro aprendeu que a paciência é uma virtude no mundo dos investimentos, e ele estava disposto a esperar para colher os frutos de suas escolhas financeiras.

Ao completar seus estudos e ingressar na faculdade, Pedro já tinha uma base financeira sólida. Ele usou seus conhecimentos para tomar decisões mais estratégicas, diversificando seus investimentos e explorando novas oportunidades no mercado financeiro.

Pedro não apenas construiu um portfólio de investimentos sólido, mas também ganhou confiança em suas habilidades financeiras. Ele percebeu que, mesmo com recursos limitados, é possível iniciar uma jornada de investimentos que pode transformar o futuro.

Hoje, Pedro é um exemplo de como escolhas financeiras conscientes e investimentos cuidadosos podem criar uma base sólida para o futuro. Sua história destaca a importância de começar cedo, aprender continuamente e permanecer focado nos objetivos financeiros.

ANA - SUPERANDO OBSTÁCULOS FINANCEIROS COM DETERMINAÇÃO

Ana, aos 22 anos, morava na cidade movimentada de São Paulo. Ela começou sua vida adulta com sonhos e expectativas, mas logo se viu enfrentando desafios financeiros inesperados. Ana perdeu o emprego pouco depois de se formar na faculdade, e isso a deixou em uma situação financeira instável.

Apesar das dificuldades, Ana manteve uma atitude positiva. Ela sabia que a jornada para superar obstáculos seria desafiadora, mas estava determinada a criar um futuro melhor para si mesma. O primeiro passo de Ana foi reavaliar suas finanças e criar um orçamento realista.

Morando em uma cidade cara, Ana precisou ajustar seu estilo de vida. Ela cortou gastos desnecessários, renegociou contratos e procurou maneiras de gerar renda extra. Ana também aproveitou a tecnologia a seu favor, participando de cursos online gratuitos para aprimorar suas habilidades e tornar-se mais competitiva no mercado de trabalho.

Durante esse período, Ana descobriu a importância de construir uma reserva de emergência. Mesmo com um orçamento apertado, ela fazia contribuições regulares para um fundo de emergência, o que a ajudou a enfrentar imprevistos sem comprometer suas metas financeiras a longo prazo.

Ana não apenas procurou oportunidades de emprego, mas também explorou o empreendedorismo. Ela iniciou um pequeno negócio online, oferecendo serviços de consultoria nas áreas em que era especialista. O esforço e a dedicação de Ana começaram a dar frutos, e ela viu seu negócio crescer gradualmente.

Com o tempo, Ana conseguiu um novo emprego em sua área de formação e expandiu seu negócio. Ela aprendeu a importância da resiliência e da persistência, transformando desafios em oportunidades de crescimento. A determinação de Ana não apenas a ajudou a superar obstáculos financeiros, mas também a construir uma base sólida para seu futuro.

Hoje, aos 28 anos, Ana é uma empreendedora bem-sucedida e financeiramente independente. Ela continua a inspirar outros jovens a enfrentarem desafios de cabeça erguida

LUCAS - VIAGEM DOS SONHOS COM ORÇAMENTO REALISTA

Lucas, aos 25 anos, morava na ensolarada cidade do Rio de Janeiro. Desde pequeno, ele sonhava em explorar novos lugares e culturas ao redor do mundo. Mas, como muitos jovens, Lucas tinha um orçamento limitado. Mesmo assim, ele estava determinado a tornar seu sonho de viajar uma realidade.

Com um planejamento cuidadoso, Lucas definiu metas financeiras realistas para sua viagem.

Ele estabeleceu um cronograma e começou a economizar uma porcentagem de sua renda mensal, cortando gastos desnecessários e fazendo escolhas conscientes em seu estilo de vida.

Lucas não apenas economizou dinheiro, mas também explorou maneiras de ganhar uma renda extra. Ele começou a vender suas habilidades como fotógrafo freelancer nos fins de semana e participou de eventos locais para conseguir trabalhos temporários. Cada centavo extraia direto para o fundo de sua viagem.

Durante o processo, Lucas aprendeu a importância da paciência e da disciplina financeira. Ele abriu mão de pequenos prazeres diários em prol de sua meta maior. As idas ao cinema foram substituídas por noites em casa com amigos, e as refeições em restaurantes foram trocadas por preparações em casa.

Com o tempo, o cofrinho de Lucas começou a crescer, e sua viagem dos sonhos estava cada vez mais próxima. Ele pesquisou opções de hospedagem acessíveis, procurou por voos com antecedência e explorou maneiras de economizar enquanto explorava novos destinos.

Finalmente, aos 28 anos, Lucas embarcou em sua tão esperada viagem. Ele visitou países que nunca imaginou conhecer, experimentou novas culturas e criou memórias que durariam para sempre. O melhor de tudo, Lucas retornou para casa sem dívidas significativas, provando que é possível realizar sonhos com responsabilidade financeira.

Hoje, Lucas continua a aplicar os princípios financeiros que aprendeu em sua jornada. Ele compartilha sua história para inspirar outros jovens a definirem metas realistas, economizarem com sabedoria e aproveitarem a vida, mesmo com um orçamento limitado.

JÚLIA - TRANSFORMANDO PAIXÃO EM RENDA EXTRA

Júlia, com seus vibrantes 20 anos, vivia na acolhedora cidade de Belo Horizonte. Desde criança, ela nutria uma paixão por artes e artesanato. Seu quarto era um verdadeiro ateliê, cheio de tintas, pincéis, agulhas e fios coloridos. Júlia tinha um dom natural para criar belas peças artísticas.

No entanto, ela não queria que seu talento fosse apenas um hobby. Com determinação, Júlia decidiu explorar maneiras de transformar sua paixão em uma fonte de renda extra. Ela começou a criar peças únicas, como pinturas em tela, bordados e até mesmo peças de cerâmica, e percebeu que muitas pessoas estavam interessadas em adquirir suas criações exclusivas.

Com um olhar empreendedor, Júlia decidiu abrir uma loja online para vender suas obras. Ela mergulhou no universo digital, aprendendo sobre plataformas de e-commerce, marketing nas redes sociais e fotografia de produtos. Cada peça ganhava vida nas fotos que Júlia mesma tirava, transmitindo a singularidade e a qualidade de seu trabalho.

À medida que sua loja online ganhava visibilidade, Júlia também começou a participar de feiras locais de artesanato. Ali, ela não apenas vendia suas criações, mas também conectava-se com outras mentes criativas e clientes entusiasmados. Essa interação pessoal trouxe uma nova dimensão à sua jornada empreendedora.

Com o tempo, a renda extra de Júlia cresceu, e ela conquistou clientes não apenas em Belo

Horizonte, mas em todo o país. O reconhecimento de seu talento não só impulsionou suas vendas, mas também a motivou a explorar novas técnicas e expandir sua linha de produtos.

Hoje, Júlia continua a criar suas peças únicas e a gerenciar sua próspera loja online. Ela inspira outros jovens a acreditarem em suas paixões e a transformarem seus talentos em oportunidades reais. Júlia prova que, com criatividade e dedicação, é possível transformar uma paixão em uma fonte de renda, trazendo satisfação pessoal e financeira.

GABRIEL - O PODER DA EDUCAÇÃO FINANCEIRA DESDE JOVEM

Gabriel, aos 16 anos, vivia na movimentada cidade de Curitiba. Diferente de muitos adolescentes, Gabriel tinha uma fascinação pelo mundo das finanças desde muito jovem. Ele encontrava emoção nos números e via oportunidades onde outros viam apenas cifrões.

Seu interesse pelo dinheiro começou quando participou de um programa de educação financeira na escola. Ao invés de encarar isso como apenas mais uma matéria, Gabriel mergulhou de cabeça nos conceitos, entendendo desde cedo o impacto das decisões financeiras em sua vida.

Determinado a aplicar o que aprendeu, Gabriel começou a economizar parte de sua mesada. Ao invés de gastar impulsivamente em itens temporários, ele pesquisava sobre investimentos, aprendendo sobre diferentes opções para fazer seu dinheiro crescer ao longo do tempo.

O ponto de virada na história de Gabriel foi quando decidiu criar um clube de investimento na escola. Reuniu amigos com interesses semelhantes e juntos começaram a estudar o mercado financeiro, tomando decisões de investimento como verdadeiros pequenos empresários. Essa experiência prática fez com que a teoria se tornasse algo tangível, e Gabriel viu seu dinheiro começar a render.

Com uma abordagem equilibrada entre aprendizado contínuo e aplicação prática, Gabriel não apenas cresceu financeiramente, mas também desenvolveu habilidades essenciais de gestão, tomada de decisões e trabalho em equipe.

Ao completar 21 anos, Gabriel já tinha um portfólio de investimentos sólido e uma compreensão profunda de como administrar suas finanças. Ele não apenas alcançou independência financeira, mas também se tornou um defensor ativo da educação financeira entre jovens, compartilhando seu conhecimento em palestras e workshops.

Hoje, Gabriel é um exemplo vivo de como a educação financeira desde jovem pode transformar não apenas o presente, mas também o futuro. Ele continua a buscar novas oportunidades de aprendizado, investindo não apenas em ativos financeiros, mas também em seu desenvolvimento pessoal e profissional.

Que as histórias de sucesso de João, Maria, Pedro, Ana, Lucas, Júlia e Gabriel inspirem cada um de vocês a acreditarem no poder das escolhas financeiras, explorarem seus talentos, considerarem o empreendedorismo como uma jornada emocionante, reconhecerem o potencial dos investimentos para construir um futuro sólido, enfrentarem desafios de cabeça erguida, perseguirem seus sonhos com determinação, explorarem oportunidades criativas para gerar renda extra e priorizarem a educação financeira desde cedo. Com comprometimento, criatividade, conhecimento e ação, todos podem trilhar um caminho rumo ao sucesso financeiro e uma vida de prosperidade e sabedoria.

As histórias acima proporcionam várias lições valiosas para os jovens visionários que buscam sucesso financeiro. Aqui estão algumas lições chave extraídas dessas experiências inspiradoras:

Planejamento Financeiro é Essencial:

Todos os protagonistas aprenderam a importância de ter um plano financeiro. Seja para uma viagem, investimentos ou empreendedorismo, o planejamento é a base para alcançar metas financeiras.

Disciplina e Paciência São Virtudes:

A disciplina e a paciência foram características comuns em todas as histórias. As jornadas apresentaram períodos desafiadores, mas a persistência e o comprometimento com metas de longo prazo foram fundamentais para o sucesso.

Educação Financeira desde Jovem Faz a Diferença:

Gabriel destacou a importância da educação financeira desde cedo. Entender conceitos financeiros básicos e aplicá-los na prática permite que os jovens tomem decisões mais informadas sobre dinheiro.

Transformar Paixões em Fonte de Renda:
Júlia e Lucas mostraram como é possível transformar paixões em fontes de renda. Identificar talentos e encontrar maneiras criativas de monetizá-los pode ser uma abordagem gratificante para o sucesso financeiro.

O Poder dos Pequenos Investimentos Iniciais:
Pedro ilustrou como pequenos investimentos iniciais, quando administrados com sabedoria, podem crescer ao longo do tempo. Ele enfatizou a importância de começar cedo e ser consistente.

Adaptabilidade e Aprendizado contínuo:
Todos os personagens enfrentaram mudanças e desafios inesperados, mas a capacidade de se adaptar e continuar aprendendo foi crucial para superar obstáculos e prosperar.

Uso Estratégico da Tecnologia:

A história sobre tecnologia e finanças modernas, mesmo que breve, destaca como a tecnologia pode ser uma aliada poderosa na gestão financeira, seja por meio de aplicativos, plataformas online ou outras ferramentas. Essas lições destacam a importância de habilidades como planejamento, disciplina, educação financeira e adaptabilidade para alcançar o sucesso financeiro desde jovem. Cada história oferece uma perspectiva única sobre como esses princípios podem ser aplicados na vida real.

Inspirando-se em Histórias Positivas:

Em cada página deste livro, não apenas exploramos, mas nos envolvemos em histórias de jovens visionários que transformaram seus sonhos financeiros em realidade. Continuaremos a extrair lições poderosas dessas experiências positivas, mostrando que o sucesso financeiro não é apenas alcançável, mas também replicável.

Essas histórias inspiradoras servem como faróis, iluminando o caminho para que você, caro leitor, possa aplicar estratégias comprovadas em sua própria jornada financeira. Mais do que simples relatos, essas narrativas oferecem uma oportunidade de se conectar com experiências autênticas. Ao se identificar com as trajetórias destes jovens, você perceberá que seus próprios desafios são compartilhados por muitos, e que as soluções podem ser encontradas através da perseverança e do conhecimento financeiro. Assim, este segmento não é apenas uma pausa nas histórias, mas sim um convite para absorver a essência de conquistas. Ao se inspirar nessas histórias positivas, você estará mais bem preparado não apenas para enfrentar desafios financeiros, mas também para pavimentar o caminho em direção a uma vida de prosperidade e realizações.

Esteja pronto para se envolver, aprender e se inspirar e procure histórias notáveis perto de você que moldarão sua compreensão do sucesso financeiro.

CAPITULO 9: O FUTURO FINANCEIRO COMEÇA AGORA

Neste capítulo crucial, mergulharemos nas estratégias fundamentais que pavimentarão o caminho para o seu futuro financeiro. Não se trata apenas de conceitos abstratos; é sobre a ação concreta que você pode tomar agora para criar alicerces sólidos que resistirão ao teste do tempo.

Em vez de adiar para "amanhã" o que pode ser feito hoje, exploraremos como pequenas ações no presente podem desencadear transformações significativas em sua vida financeira. Ao entender a importância de poupar, investir e gerenciar suas finanças com sabedoria, você estará estabelecendo

Vamos discutir estratégias práticas e conselhos acionáveis, adaptados à sua realidade. Este não é apenas um capítulo; é um guia para que você inicie a construção do seu futuro financeiro agora mesmo. Afinal, as sementes plantadas hoje são as árvores frutíferas de amanhã.

Ao longo das páginas seguintes, você será capacitado a traçar metas claras, entender a importância da disciplina financeira e aplicar princípios que resistem às incertezas econômicas. Este capítulo é mais do que uma reflexão sobre o futuro; é um convite para agir, para que, ao virar a última página, você esteja inspirado e equipado para dar os primeiros passos rumo a uma jornada financeira próspera. O futuro financeiro começa agora - e estamos aqui para orientá-lo em cada passo desse emocionante caminho.

Recapitulação dos Principais Conceitos

Neste momento crucial do livro, recapitularemos os principais conceitos que exploramos ao longo desta jornada emocionante em direção ao sucesso financeiro.

Planejamento Financeiro Holístico: A importância de um planejamento financeiro abrangente, integrando metas de curto e longo prazo para alcançar uma vida financeira equilibrada.

Disciplina e Consistência: Como a disciplina e a consistência são elementos-chave para o sucesso financeiro, destacando a necessidade de tomar decisões informadas e consistentes ao longo do tempo.

Educação Financeira: O poder da educação financeira desde jovem, capacitando-o a tomar decisões informadas e estratégicas em relação ao seu dinheiro.

Investir em Si Mesmo: A importância de investir em seu próprio desenvolvimento pessoal e profissional, reconhecendo que o investimento em habilidades e conhecimentos é um ativo valioso.

Transformar Paixões em Renda: Inspiramo-nos em histórias de jovens visionários que transformaram suas paixões em fontes de renda, mostrando como o talento e a determinação podem criar oportunidades financeiras.

Poder dos Pequenos Investimentos Iniciais: O conceito do poder dos pequenos investimentos iniciais, enfatizando como começar cedo e ser consistente pode resultar em crescimento financeiro significativo ao longo do tempo.

Adaptabilidade e Aprendizado contínuo: A importância da adaptabilidade e do aprendizado contínuo, reconhecendo que o cenário financeiro está sempre em evolução e que a capacidade de se adaptar é uma habilidade valiosa.

Ação no Presente para um Futuro Brilhante: Como a ação no presente é fundamental para construir um futuro financeiro brilhante, destacando estratégias práticas que podem ser implementadas agora.

Estabelecendo Bases Sólidas: Como criar bases sólidas para o sucesso financeiro, explorando temas como estabelecimento de metas, criação de orçamento pessoal, economia consistente e entendimento de investimentos.

Ao revisitar esses conceitos essenciais, você terá uma compreensão robusta das práticas financeiras saudáveis. Este é o momento de consolidar seu conhecimento, fortalecer seu compromisso e dar os próximos passos para moldar um futuro financeiro próspero. Lembre-se, o poder está em suas mãos. O sucesso financeiro é uma jornada contínua, e você está no controle do seu destino financeiro. Continue a aplicar esses princípios e trilhe um caminho de prosperidade e realização.

Plano de Ação básico para o Futuro

Agora que recapitulamos os principais conceitos, é hora de transformar o conhecimento em ação concreta. Este plano de ação foi elaborado para orientá-lo na implementação prática dos princípios financeiros discutidos ao longo deste livro. Siga esses passos para moldar um futuro financeiro sólido e próspero:

Defina Metas Claras:

Identifique metas financeiras de curto, médio e longo prazo. Seja específico ao estabelecer o que deseja alcançar, como economizar para uma viagem, investir em educação ou comprar uma casa.

Crie um Orçamento Pessoal:

Desenvolva um orçamento detalhado que inclua todas as despesas mensais, metas de economia e investimentos. Acompanhe seus gastos para garantir que estejam alinhados com seus objetivos financeiros.

Estabeleça um Fundo de Emergência:

Reserve uma quantia específica como fundo de emergência. Isso fornecerá uma rede de segurança financeira para lidar com despesas inesperadas sem comprometer seus objetivos de longo prazo.

Inicie Investimentos de Forma Gradual:

Comece a investir, mesmo que com quantias pequenas. Explore opções de investimento alinhadas aos seus objetivos e nível de tolerância ao risco. O tempo é seu aliado quando se trata de investimentos.

Busque Aprendizado Contínuo:

Continue aprimorando sua educação financeira. Leia livros, participe de cursos online, assista a vídeos educativos e mantenha-se atualizado sobre as tendências do mercado financeiro.

Desenvolva Habilidades Profissionais:

Invista em seu desenvolvimento profissional. Adquira habilidades que aumentem sua empregabilidade e abram portas para oportunidades de carreira mais lucrativas.

Explore Fontes Adicionais de Renda:

Considere oportunidades de renda extra, como trabalho freelance, empreendedorismo ou monetização de habilidades e paixões. Isso pode impulsionar seu potencial de ganho.

Avalie e Ajuste Regularmente:

Periodicamente, reveja seu progresso em relação às metas financeiras. Faça ajustes no seu plano de ação conforme necessário, levando em consideração mudanças na vida, objetivos atualizados e condições econômicas.

Cultive Hábitos Financeiros Saudáveis:

Incorpore hábitos financeiros saudáveis, como economizar regularmente, evitar dívidas desnecessárias e fazer escolhas conscientes de gastos. Esses hábitos sustentáveis são fundamentais para a manutenção do sucesso financeiro a longo prazo.

Ao seguir esse plano de ação básico, você estará dando passos concretos em direção a um futuro financeiro mais seguro e próspero. Lembre-se, o sucesso financeiro é uma jornada contínua, e cada passo que você der agora contribuirá para a realização de seus objetivos no futuro. Continue comprometido e persistente, e seu caminho para a prosperidade estará cada vez mais claro.

Próximos Passos e Recursos Adicionais

A busca por conhecimento financeiro e o aprimoramento contínuo são fundamentais para o sucesso a longo prazo. Aqui estão alguns próximos passos que você pode considerar, juntamente com recursos adicionais para expandir seu entendimento:

Participe de Workshops e Seminários Locais:

Explore eventos financeiros locais, workshops e seminários. Participar de eventos presenciais pode proporcionar networking valioso e insights específicos para sua região.

Consulte Profissionais Financeiros:

Considere a orientação de profissionais financeiros, como planejadores financeiros e consultores. Eles podem fornecer conselhos personalizados com base em sua situação específica.

Aprofunde-se em Investimentos:

Explore livros específicos sobre investimentos, diversificação de portfólio e estratégias avançadas. Autores renomados, como Benjamin Graham e Peter Lynch, oferecem insights valiosos.

Participe de Cursos Online:

Inscreva-se em cursos online de instituições educacionais confiáveis. Plataformas como Coursera, edX e Khan Academy oferecem cursos sobre diversos tópicos financeiros.

Mantenha-se Atualizado com Notícias Financeiras:

Assine newsletters financeiras, acompanhe fontes de notícias confiáveis e esteja ciente das tendências econômicas globais. Manter-se informado é crucial para tomar decisões financeiras informadas.

Expanda suas Habilidades Profissionais:

Avalie oportunidades de treinamento e certificações em sua área profissional. Habilidades adicionais podem abrir portas para promoções e aumentos salariais.

Utilize Aplicativos Financeiros:

Explore aplicativos de gestão financeira para acompanhar seus gastos, criar orçamentos e monitorar investimentos. Ferramentas como Mint, YNAB e PocketGuard podem simplificar o controle financeiro.

Participe de Comunidades Online:

Junte-se a comunidades online focadas em finanças pessoais. Fóruns como Reddit's r/personalfinance e grupos no Facebook oferecem um espaço para compartilhar experiências e obter conselhos.

Considere a Educação Formal em Finanças:

Se sua paixão por finanças continuar a crescer, pense em buscar educação formal em finanças. Cursos universitários ou programas de pós-graduação podem aprofundar seu conhecimento.

Lembre-se, o aprendizado é uma jornada contínua. Ao continuar buscando conhecimento, adaptando-se às mudanças e aplicando as melhores práticas, você estará no caminho para um futuro financeiro sólido e bem-sucedido. Esteja aberto a novas oportunidades e mantenha-se comprometido com o seu desenvolvimento financeiro. Você está no controle do seu destino financeiro, e cada passo que você tomar conta na construção de uma vida financeira mais próspera.

ANEXO1: DESAFIO 100 DIAS TRANSFORMANDO ECONOMIAS DIÁRIAS EM RIQUEZA

O Desafio 100 Dias é uma jornada emocionante de construção de hábitos financeiros saudáveis, onde você economizará uma quantia crescente a cada dia. Vamos explorar mais detalhes e dicas para garantir uma experiência ainda mais enriquecedora:

Como Funciona:

Dia 1: R$ 1

Inicie o desafio poupando R$ 1. Um começo modesto, mas significativo.

Dia 2: R$ 2

No segundo dia, dobre a quantia para R$ 2. Já estamos criando impulso!

Dia 3: R$ 3

Continue aumentando gradualmente. No terceiro dia, economize R$ 3.

E assim por diante.

Prossiga aumentando a quantia diária em R$ 1. No último dia, você economizará R$ 100.

Ao completar o desafio, você terá economizado um montante total de R$ 5.050. Essa quantia pode ser usada para objetivos específicos, como um fundo de emergência, uma viagem especial ou iniciar seus primeiros investimentos.

Dicas Adicionais:

Variações do Desafio:

Sinta-se à vontade para ajustar a duração do desafio ou a quantia diária. O Desafio 50 Dias (economizando até R$ 50) ou o Desafio 200 Dias (economizando até R$ 200) são variações interessantes.

Adapte ao Seu Orçamento:

Se a quantia inicial parecer muito alta, comece com um valor que seja confortável para você. O objetivo é criar um hábito sustentável.

Use um Calendário ou Aplicativo:

Mantenha um registro visual de seu progresso para manter a motivação. Aplicativos de controle financeiro podem ser úteis.

Celebre Pequenas Vitórias:

Comemore suas realizações ao longo do caminho. A cada semana concluída, recompense-se de alguma forma.

Ajuste Conforme Necessário:

Se surgirem mudanças em suas finanças, ajuste o desafio de acordo. O importante é manter o compromisso de economizar regularmente.

O Desafio 100 Dias é flexível e pode ser adaptado conforme suas necessidades e metas financeiras. Sinta-se no controle de sua jornada financeira, aproveitando cada passo em direção à construção de um futuro mais seguro e próspero.

Um pouco mais de informação:
- Crie uma tabela com os números de 1 a 100.
- Ao lado de cada número, defina um valor a ser depositado.

- A ordem dos valores é aleatória, você pode escolher depositar valores maiores no início ou no final da tabela, de acordo com sua preferência.
- A cada dia, deposite o valor referente ao número do dia na tabela.

No final dos 100 dias, você terá acumulado a soma de todos os valores depositados.

Exemplos de valores:

Você pode escolher depositar valores fixos, como R$ 1,00 por dia, R$ 2,00 por dia, e assim por diante.

Você pode escolher depositar valores aleatórios, variando entre R$ 1,00 e R$ 100,00 por dia.

Você pode escolher depositar valores que representam uma porcentagem da sua renda, como 1% ou 10% da sua renda diária.

Vantagens:
- Esse método é uma maneira simples e divertida de começar a poupar.

- É um método flexível, você pode adaptar os valores e a ordem dos depósitos de acordo com suas necessidades e objetivos.
- É um método motivador, pois você pode acompanhar seu progresso diariamente e ver seus resultados crescendo a cada dia.

Desvantagens:
- O método exige disciplina e organização para depositar os valores diariamente.

Dicas:
- ✓ Comece com valores baixos para se familiarizar com o método.
- ✓ Aumente os valores gradualmente à medida que sua situação financeira permitir.
- ✓ Defina metas para o que você quer alcançar.
- ✓ Use um aplicativo de controle financeiro para te ajudar a acompanhar seus depósitos.
- ✓ Incentive amigos e familiares a participarem do desafio com você.

Conclusão:

O Método 100 dias é uma ótima opção para quem quer começar a poupar de maneira simples e divertida. Se você está buscando uma maneira de aumentar seus savings e alcançar seus objetivos financeiros, este método pode ser uma boa escolha para você.

ANEXO 2: TÉCNICA 10/90
MULTIPLICANDO SEU DINHEIRO

Antes de explicar essa técnica, gostaríamos de trazer uma reflexão sobre o porquê investir utilizando essa ferramenta.

Investir os 10% pode ser mais do que uma simples prática financeira; pode ser uma manifestação de autodisciplina e gratidão pelo presente e pelo futuro. Assim como os sábios da Babilônia nos ensinam, reservar uma parte dos nossos ganhos é como plantar uma semente de abundância que crescerá com o tempo, nos proporcionando segurança e liberdade. É um ato de confiança no nosso potencial de criar um amanhã melhor, mesmo diante das incertezas do presente.

Ao reservarmos parte do que recebemos, não apenas demonstramos responsabilidade financeira, mas também cultivamos uma mentalidade de abundância e prosperidade. Estamos dizendo ao universo que somos merecedores de mais, e que estamos dispostos a investir em nós mesmos e no nosso futuro. Não se trata apenas de acumular riquezas materiais, mas de investir em nosso crescimento pessoal, em nossos sonhos e aspirações.

Ao guardar os 10%, estamos construindo um alicerce sólido para nossas vidas, um fundamento sobre o qual podemos erguer nossas maiores realizações. Estamos nos capacitando para enfrentar desafios, aproveitar oportunidades e viver uma vida de significado e propósito. É um ato de amor-próprio e autossuficiência, que nos liberta das amarras da escassez e nos permite manifestar nossos mais profundos desejos.

Portanto, poupar os 10% não é apenas uma questão de finanças; é uma declaração de fé no poder do nosso potencial humano. É um lembrete de que somos os arquitetos de nossas próprias vidas, e que temos o poder de moldar nosso destino. Que cada centavo guardado seja um voto de confiança no brilho do nosso futuro, e que possamos colher os frutos desse investimento com gratidão e humildade.

Vamos conhecer a ferramenta.

Passo 1: Descubra o que Você Ganha:

Comece descobrindo quanto dinheiro você recebe regularmente. Isso inclui qualquer dinheiro que você ganhe com trabalho, mesada ou outras fontes de renda.

Passo 2: Separe 10% - Sua Reserva Especial:

Pegue 10% desse dinheiro e o coloque em uma "reserva especial". Sugiro em um banco que lhe traga segurança e tenha rendimentos ou um lugar seguro onde você não vá gastar. Considere isso como um presente para o seu futuro!

Passo 3: O Restante é para suas Coisas:

Agora, o resto, ou seja, 90%, é para cobrir todas as suas despesas. Isso inclui coisas como roupas, comida, diversão, contas e outras necessidades do dia a dia.

Por que Isso Funciona:

Reservando uma parte do seu dinheiro (10%), você está construindo um cofrinho para situações inesperadas ou para realizar seus sonhos. Os 90% restantes são para as coisas que você quer agora.

Dicas Práticas:

Se parecer difícil no início, comece com uma quantia menor e vá aumentando com o tempo.

Lembre-se, o importante é ser consistente. Não se preocupe se o montante inicial for pequeno; o hábito de poupar é o que realmente importa.

Exemplo na Prática:

Se você ganha R$ 500, reserve R$ 50 (10%) e utilize os R$ 450 restantes para suas despesas mensais.

A Técnica 10/90 é como plantar uma sementinha de dinheiro toda vez que você recebe. À medida que a semente cresce, você verá que seu dinheiro também está crescendo. Isso coloca você no controle do seu dinheiro e cria uma base sólida para um futuro financeiro incrível. Vamos lá, comece hoje mesmo!

CONSTRUINDO UM FUTURO FINANCEIRO ILUMINADO

À medida que chegamos ao fim desta jornada, convido você a refletir sobre o poder transformador do conhecimento financeiro e a importância de aplicá-lo em sua vida. Cada página deste livro foi um convite para explorar novos horizontes, e agora é o momento de dar vida a essas ideias por meio da ação.

O futuro financeiro que você deseja está ao seu alcance, mas requer mais do que meras intenções. Requer a coragem de agir, de tomar decisões que moldarão seu destino. Cada escolha que você faz hoje é uma semente plantada para o amanhã que você deseja colher. Lembre-se sempre: o tempo é um aliado poderoso quando usado com sabedoria nas finanças.

Enfrentar desafios financeiros faz parte da jornada, mas cada obstáculo é uma oportunidade disfarçada. Encare-os com determinação, aprenda com cada experiência e use-as como degraus para sua ascensão financeira. Busque apoio em comunidades online, grupos locais ou redes sociais com interesses semelhantes. Juntos, podemos nos fortalecer e aprender uns com os outros.

Você é o protagonista de sua própria história financeira. Seja ousado em suas decisões, persistente em seus esforços e aberto para aprender com cada passo dado. Lembre-se de que o sucesso financeiro é uma jornada contínua de aprendizado e crescimento.

Agradeço por embarcar nesta jornada conosco. Lembre-se de que nunca é cedo demais para começar a construir sua riqueza. Seja confiante, aplique o conhecimento adquirido e ouse sonhar grande. O futuro é uma tela em branco esperando pela sua obra-prima financeira. Vá em frente e faça dela uma história de sucesso!

PERGUNTAS FREQUENTES

O que é um orçamento financeiro e por que é importante?

Um orçamento financeiro é um plano que você cria para controlar seu dinheiro, saber quanto você ganha e quanto gasta. É como uma lista de desejos para o seu dinheiro! É importante porque ajuda você a economizar para coisas importantes e evitar gastar demais.

Qual é a diferença entre uma conta de poupança e uma conta corrente?

Uma conta de poupança é onde você coloca dinheiro para guardar e fazer crescer ao longo do tempo, como um cofrinho virtual. Uma conta corrente é onde você coloca seu dinheiro para usar no dia a dia, como quando você compra comida ou paga o aluguel.

Como começar a investir se tenho pouco dinheiro?

Mesmo com pouco dinheiro, você pode começar a investir! Existem aplicativos que permitem que você invista pequenas quantias em coisas como ações, como comprar um pedacinho de uma empresa. É como comprar figurinhas de um time, mas em vez de figurinhas, você compra partes de uma empresa!

Quais são os diferentes tipos de investimentos disponíveis?

Existem muitos tipos de investimentos legais, como ações (como Pokémon para adultos!), fundos mútuos (um grupo de investidores que investem juntos), ou até mesmo investir em coisas como imóveis (sim, você pode ser dono de uma casa!).

Como faço para planejar minha aposentadoria?

A aposentadoria pode parecer distante agora, mas é importante começar a planejar desde cedo! Quanto mais cedo você começar a guardar, mais tempo seu dinheiro terá para crescer!

Como posso gerenciar meu dinheiro de forma eficaz usando meu smartphone?

Gerenciar seu dinheiro pelo smartphone pode ser extremamente conveniente e eficaz. Existem diversos aplicativos disponíveis que ajudam a acompanhar suas finanças de forma simples e organizada. Experimente alguns e descubra qual funciona melhor para você!

Poderia me indicar alguns livros sobre finanças?

Esses livros podem fornecer uma base sólida para expandir o conhecimento financeiro e ajudar alcançar seus objetivos financeiros.

- ✓ **"Pai Rico, Pai Pobre"** de Robert T. Kiyosaki - Um clássico sobre educação financeira que aborda as diferentes mentalidades em relação ao dinheiro.
- ✓ **"Os Segredos da Mente Milionária"** de T. Harv Eker - Explora as atitudes e mentalidades que levam ao sucesso financeiro.
- ✓ **"O Homem Mais Rico da Babilônia"** de George S. Clason - Um livro que apresenta lições financeiras atemporais através de parábolas ambientadas na antiga Babilônia.
- ✓ **"Investimentos Inteligentes"** de Gustavo Cerbasi - Oferece uma visão abrangente sobre investimentos e como planejar o futuro financeiro de forma inteligente.
- ✓ **"Menos é Mais"** de Francine Jay - Aborda o minimalismo como um estilo de vida que pode contribuir para uma vida financeira mais saudável e equilibrada.
- ✓ **"Quem Mexeu no Meu Queijo?"** de Spencer Johnson - Este livro oferece valiosas lições sobre adaptação à mudança e busca por oportunidades, conceitos essenciais para uma vida financeira bem-sucedida.

TESTE DE CONHECIMENTO

Qual das seguintes opções melhor descreve o objetivo principal da educação financeira?

a) Encontrar maneiras de gastar dinheiro mais rápido.

b) Aprender a acumular riqueza e tomar decisões financeiras informadas.

c) Ignorar completamente as finanças e viver no momento presente.

d) Depender exclusivamente de outras pessoas para cuidar das finanças.

Por que é importante estabelecer metas financeiras?

a) Porque parece uma coisa boa a se fazer, mas não tem impacto real.

b) Para criar um plano claro para o futuro e motivar a economia de dinheiro.

c) Não é importante estabelecer metas financeiras.

d) Porque outras pessoas dizem que você deveria fazê-lo.

Qual é uma das principais diferenças entre poupar e gastar?

a) Poupar envolve acumular dinheiro para o futuro, enquanto gastar envolve gastar dinheiro imediatamente.

b) Poupar e gastar são basicamente a mesma coisa.

c) Poupar é um desperdício de tempo.

d) Gastar é sempre a melhor opção.

O que significa o acrônimo "SMART" quando se trata de definir metas financeiras?

a) Simples, Muito caro, Aventureiro, Realista, Temporal.

b) Subjetivo, Manipulador, Assustador, Real, Temporário.

c) Simples, Mensurável, Alcançável, Relevante, Temporal.

d) Seguro, Mínimo, Agressivo, Razão, Temporal.

Qual é uma das principais vantagens de investir em vez de apenas poupar dinheiro?

a) Investir é muito mais arriscado do que poupar.

b) Investir pode proporcionar um retorno maior ao longo do tempo.

c) Não há diferença entre investir e poupar.

d) Investir só é adequado para pessoas ricas.

O que significa a regra "Pague-se primeiro" no contexto financeiro?

a) Gastar todo o dinheiro antes de pagar as contas.

b) Reservar uma porcentagem do salário para economizar ou investir antes de pagar outras despesas.

c) Deixar todas as contas em atraso até receber o próximo pagamento.

d) Gastar dinheiro sem considerar as consequências financeiras.

Qual é uma das principais estratégias para lidar com adversidades financeiras?

a) Ignorar os problemas financeiros e esperar que eles desapareçam.

b) Buscar ajuda de familiares e amigos sempre que enfrentar dificuldades financeiras.

c) Criar um plano de contingência, como um fundo de emergência, para situações inesperadas.

d) Gastar mais dinheiro para superar os desafios financeiros.

Qual é uma das vantagens de utilizar aplicativos financeiros para gerenciar o dinheiro?

a) Não há vantagens em usar aplicativos financeiros.

b) Os aplicativos financeiros podem ajudar na categorização automática de despesas e fornecer uma visão clara das finanças pessoais.

c) Os aplicativos financeiros são muito complicados de usar.

d) Os aplicativos financeiros são gratuitos, mas não oferecem nenhum benefício real.

Qual é uma das principais razões pelas quais é importante investir no futuro?

a) Porque investir é uma maneira garantida de enriquecer rapidamente.

b) Porque o tempo pode aumentar o potencial de crescimento do dinheiro investido.

c) Porque não há nenhuma razão para investir, é melhor gastar todo o dinheiro imediatamente.

d) Porque investir é apenas para pessoas ricas.

O que é o método "Desafio dos 100 dias" para economizar dinheiro?

a) Uma competição para ver quem pode gastar mais dinheiro em 100 dias.

b) Um desafio para economizar uma quantia específica de dinheiro a cada dia durante 100 dias.

c) Uma estratégia para investir todo o dinheiro em 100 dias.

d) Um programa de treinamento para aprender a gastar dinheiro de forma mais eficaz em 100 dias.

Qual das seguintes opções melhor descreve o conceito de orçamento pessoal?

a) Gastar dinheiro sem considerar as consequências.

b) Um plano que estabelece quanto dinheiro você ganha e como pretende gastá-lo.

c) Não é necessário fazer um orçamento pessoal.

d) Delegar a responsabilidade do dinheiro para outra pessoa.

Por que é importante ter um fundo de emergência?

a) Porque é uma moda popular entre os ricos.

b) Para cobrir despesas inesperadas, como reparos em casa ou despesas médicas.

c) Porque todo mundo tem um fundo de emergência.

d) Para gastar em compras não essenciais.

O que é diversificação de investimentos?

a) Colocar todo o seu dinheiro em um único tipo de investimento.

b) Espalhar seu dinheiro em diferentes tipos de investimentos para reduzir o risco.

c) Investir apenas em empresas de tecnologia.

d) Não se preocupe com a diversificação.

Qual é a diferença entre uma ação e um título?

a) Não há diferença entre eles.

b) Ações representam propriedade em uma empresa, enquanto títulos são empréstimos feitos a uma empresa ou governo.

c) Ações são usadas apenas por grandes investidores, enquanto títulos são para investidores menores.

d) Ações são menos arriscadas do que títulos.

O que é um fundo de índice?

a) Um fundo que investe apenas em ouro.

b) Um fundo que rastreia um índice de mercado, como o S&P 500.

c) Um fundo que investe apenas em imóveis.

d) Um fundo que só aceita investidores de alto patrimônio líquido.

Qual é a principal vantagem de investir em um fundo mútuo?

a) Potencial para retornos mais altos do que outros tipos de investimento.

b) Garantia de retorno sobre o investimento.

c) Baixo risco de perder dinheiro.

d) Todos os fundos mútuos são iguais.

Por que é importante verificar regularmente sua pontuação de crédito?

a) Porque isso não tem impacto em suas finanças.

b) Para garantir que você sempre tenha uma pontuação de crédito perfeita.

c) Para monitorar sua saúde financeira e corrigir quaisquer erros ou problemas.

d) A pontuação de crédito não é importante.

Qual é a diferença entre uma conta corrente e uma conta de poupança?

a) Ambas as contas têm as mesmas características.

b) Uma conta corrente é usada apenas para depositar dinheiro, enquanto uma conta de poupança é usada para economizar dinheiro.

c) Uma conta corrente oferece juros, enquanto uma conta de poupança não.

d) Uma conta de poupança permite saques ilimitados, enquanto uma conta corrente não.

O que é inflação?

a) Uma medida da rentabilidade de um investimento.

b) Uma situação em que os preços dos bens e serviços aumentam ao longo do tempo.

c) Um termo que descreve uma economia em recessão.

d) Uma estratégia para economizar dinheiro.

Qual é a diferença entre uma taxa de juros fixa e uma taxa de juros variável?

a) Não há diferença entre elas.

b) Uma taxa de juros fixa permanece a mesma ao longo do tempo, enquanto uma taxa de juros variável pode mudar.

c) Uma taxa de juros fixa muda regularmente, enquanto uma taxa de juros variável permanece constante.

d) Uma taxa de juros fixa só se aplica a empréstimos, enquanto uma taxa de juros variável só se aplica a investimentos.

Gabarito

1.b) 2.b) 3.a) 4.c) 5.b) 6.b) 7.c) 8.b) 9.b) 10.b) 11.b) 12.b) 13.b) 14.b) 15.b) 16.a) 17.c) 18.b) 19.b) 20.b)

OTAÇÕES GERAIS

LIBERDADE FINANCEIRA

LIBERDADE FINANCEIRA

LIBERDADE FINANCEIRA

149 LIBERDADE FINANCEIRA

_____
_____
_____
_____
_____
_____
_____
_____
_____
_____
_____
_____
_____
_____
_____
_____
_____

www.ingramcontent.com/pod-product-compliance
Lightning Source LLC
Chambersburg PA
CBHW052300220526
45471CB00001B/428